言いたいことが言えない人

「恥ずかしがり屋」の深層心理

加藤諦三
Kato Taizo

PHP新書

まえがき

恥ずかしがり屋の人は、人づきあいが苦になる。

日常のなんでもないことについても、言いたいことが言えない。自分の気持ちをどう言っていいかわからない。自分の心を人に伝えられない。

だから幼児期から自分を押し殺した子であった。

そして親しい人がいない。親しい人とは、自分の弱点を話せる人。

人はだれでも全部しゃべると気が楽になるのに、恥ずかしがり屋の人はそれができない。

自分のことをしゃべることで楽になる生き方があるのに、その生き方ができない。

自分の感情をすべて話すことで、気持ちが整理されていく。すると、生きる道が見えてくる。


しかし恥ずかしがり屋の人は、自分の感情をうまく表現できなくて、自己主張ができなくて、何かあると最後にはひとりで自分を責めてしまう。そして低い自己評価に悩む。

恥ずかしがり屋の人は、ひとりで布団のなかでしゃべっているようなものである。人に話していないから、しゃべっても不満であることには変わりはない。

恥ずかしがり屋の人は、歌いたいのに歌わなかった。踊りたいのに踊らなかった。

「好きです」と言いたいのに言えなかった。

「キライ」と言いたいのに言えなかった。

「イヤだ」と言いたいのに言えなかった。

怒りたいのに怒れなかった。

「それが欲しい」と言いたいのに言えなかった。

愛情を抑えていることもあるし、嫌悪感を抑えているときもある。

そうすれば抑えている感情を、いつ人に気づかれやしないかと自意識過剰になるだろう。


恥ずかしがり屋の人が意識しているかどうかは別にして、恥ずかしがり屋の人の心の底には人に対する拭いがたい不信感がある。

そしてわけもなく不安になる。

恥ずかしがり屋の人は人と一緒にいて楽しくない。楽しくないどころか居心地が悪い。それなのになんとか取り繕おうとするから、人といるとひどく疲れる。エネルギーを消耗する。

本来、人は人とコミュニケーションをとることが生きる喜びなのに、恥ずかしがり屋の人は人に近づくのが怖い。人とうまくコミュニケーションできないから人づきあいが苦になる。できれば人と接したくない。

でも人がいないとさみしい。人と一緒にいると居心地が悪いが、ひとりでいることも楽しくない。

人と一緒にいて楽しい人は、ひとりでいることも楽しい。

だから恥ずかしがり屋の人は生きるのがつらい。生まれてからずーっと生きることが楽しくなかった。

それは人を信じられないからである。

信じる人がいれば、自分を出せるから生きることが楽しくなる。

人を信じられないのは、人を信じられる環境で育ってこなかったから。

自分の感情を表現できないのも、臆病なのも、つきあいが苦手なのも、安心感のない環境で育ったからである。

心理的に健康な人は人とふれあうことが生きる楽しみである。それなのに恥ずかしがり屋の人は人が怖い。

人恋しいところはあるが、接することが現実になると、人を避けてしまう。

しかしこれらのことをなんとか解決しなければ、死ぬまで「生まれてきてよかった」と思えない。この本はそれらの問題を解決するための本である。

恥ずかしがり屋の人は頑張って歩いているのだが、同じところを歩いている。先に進んでいない。消耗するだけでその人自身が変わっていない。だから、うつ病にもなりやすい。

穏やかで、いつも落ち着いているおとなしい人は、感情を一年中すこしずつその場その場で出している。心の底にため込んでいない。

恥ずかしがり屋の人は、そのような人に変わらなければならない。

迎合する自分から戦う自分へ。

保身の自分から信念の自分へ。

変わるということは地獄の試練のときなのである。だがこの試練に耐えられなければ、この先はない。

心のなかに新しく何かを生みださなければ道は拓《ひら》けない。

この本ではその試練にどう耐え、愛をどう生みだすかを考えた。

石ころをちょっとよければいいこと、棒きれをちょっとよければいいことだけれども、それができない。

目の前に起きていることはなんでもないことなのに、恥ずかしがり屋の人はそれにうまく対処できない。

そうしてゴミの山がどんどんふくらんでいく。


なぜ人から嫌われるのが怖いのか。なぜ嫌なことは「イヤ」とハッキリ言えないのか。なぜ「してもらいたいこと」を「お願いします」と頼めないのか。なぜ人と一緒にいて相手に失礼になることをしないかといつも恐れているのか。なぜ無心な会話ができないのか。なぜなんでもかんでも自分のほうが我慢してしまうのか――。

それらのことをこの本では解き明かしていきたい。

高齢者と若者とが相互に理解しあうことは難しい。男と女とが相互に理解しあうことも難しい。また文化の違う国に属している人が、相互に理解しあうことがいかに難しいかは、歴史が示している。

しかしそれよりもはるかに難しいのが、幼児的欲求を満たして心理的に成長した人と、幼児的欲求を満たさないままに欲求放棄を強いられた恥ずかしがり屋の人とが、相互に理解しあうことである。

この本は恥ずかしがり屋の人が自分自身を理解するための本であり、恥ずかしがり屋でない人が、恥ずかしがり屋の人を理解するための本である。

言いたいことが言えない人

目次

まえがき

第1章　なぜ内にこもってしまうのか

第2章　「恥ずかしがり屋」の深層心理

第3章 四つの社会的恐怖の呪縛

第1章

なぜ内にこもってしまうのか

I 「恥ずかしがり屋」はこんな人

「ハッキリ」と意志を伝えられない

人は自分に自信があるときには、自分の意志をハッキリと伝えられる。

自信のある人は、恥ずかしがり屋の人にくらべれば、はるかに直接的な言葉で自分の意志をストレートに述べる。

嫌なことは「イヤ」と言う。してもらいたいことは「お願いします」と頼む。

恥ずかしがり屋の人は自分に自信がないから、自分を取り繕う。

恥ずかしがり屋の人は遠回しな言い方をする。間接的な言い方をする。言い訳が多い。

だから相手は何を言っているのかがよくわからない。

ハッキリと自分の意志を伝えないから、人とうまくコミュニケーションできないのである。

「いえ、僕はどっちでもいいですけれども……」とか「あなたがそうであるならそれでいいです」とか「私はべつに行きたいというわけではないのですが……」とか、とにかくハッキリとしない。

ある恥ずかしがり屋の日本人を観光案内していたアメリカ人が、途中でその人を案内することを「もう、勘弁してくれ」と言いだした。

聞いてみると、その観光スポットに行きたいのだか、行きたくないのだかわからないという。

恥ずかしがり屋の人は、迷惑をかけて嫌われることを恐れる。図々しい人だと思われることを恐れる。

その恐れや不安が先行して、「こうしてほしい」という自分の願望をハッキリと伝えられないのである。

人と効果的にコミュニケーションするためには、自分に自信があると同時に自分と相手の関係がわかっていなければならない。

自分はいま、親と話しているのか、恋人と話しているのか、昨日知りあった人と話しているのか、今日はじめて会ったビジネスパーソンと話をしているのか、目上の人と話しているのか、お世話になった人と話しているのかなどの関係がわかっていなければならない。

恥ずかしがり屋の人にはそれがない。社会的距離が理解できない。

さらに恥ずかしがり屋の人には自分を守る意識が強すぎる。自分をよく見せようとする気持ちが強すぎる。それなのに、相手に対する関心はない。

そこでうまくコミュニケーションできない。

彼らは嫌われるのではないかと恐れるあまり、必要がないのに言い訳をして、何を言っているのだかわからないことが多くなる。

相手が、そんなことを聞いていないのに、くどくどと説明を始める。

恥ずかしがり屋の人は無理している。

寒いときに「寒い」と言えない。

うどんが食べたいときに「うどんが食べたい」と言えない。

そこで恥ずかしがり屋の人は、不満がたまる。

恥ずかしがり屋の人は「ハッキリ」と自分の意志を言えない。「ハッキリ」と言えないから相手はわからなくて、仕方なく無視する。すると傷つく。

恥ずかしがり屋の人はコミュニケーションしようとしている。

でも気に入られたいから、無理をしてしまいコミュニケーションできない。

たとえば学校の先生。

病気で熱があるのに無理をして頑張って講義に行った。

ところがクラスでは学生が私語をしている。そうすれば学生が嫌いになる。

「熱があるから静かにしてくれ」と言えれば効果的にコミュニケーションできる。

恥ずかしがり屋の人はこれができないから、効果的なコミュニケーションにならない。

ある人と待ちあわせて、その人が好きだからなんとなく張り切って約束の時間より「早く行こう」と思って、早く行った。

相手は約束の時間どおりに来て、こちらの「早く行こう」という気持ちを汲んでくれない。そこで傷つく。

それが積み重なって敵意になる。生まれ持っての攻撃性ではない。

恥ずかしがり屋の人は、あの人にも無理をした、この人にも無理をした。

でも望んだ反応がない。

恥ずかしがり屋の人は、自分の気持ちを言わなければならない。恥をかいてもいいから、言う。

そこで世界が広がる。

自己主張というのは我を張ることではない。

自分のことを説明するのが自己主張。

言うべきことを言うのが自己主張。

人を無視したことを言うのはわがまま。

自分の犠牲を遠回しに売り込む

コミュニケーションは相手がわからなければならない。

相手がわかれば心に思っていることを伝えても人間関係はおかしくならない。

自分はお弁当にサンドイッチを持ってきた。

ところが相手に「あなた、おにぎり食べない？」と言われて、おにぎりを食べてしまう。

そして「ありがとう」と言ってしまう。

相手に「おいしかったでしょう」と言われて、「おいしかった」と言ってしまう。

「私は一個一〇〇〇円のリンゴです」と言ってしまえばいい。自分の価値を率直に売り込めばいいのに、「八〇〇円では安いんじゃないですか」という言い方をする。

グズグズ言って、無駄な努力をしている。

高く評価してもらおうとしてエネルギーを使うのだが、無駄なエネルギーを使っている。たとえば、自分が払った犠牲を誇示する。

リンゴ畑でリンゴが「今年はいろいろと台風があって、頑張ってここまで来て、こんなことにエネルギーを使って……」と遠回しな言い方をしている。

長年にわたって「周りがみんな自分を理解してくれない」ということを知っている。あるいはそう思っている。

そこでいまもみなは自分を理解してくれないだろうと、犠牲を強調する売り込みをする。

恥ずかしがり屋の人は、気を遣っているのだけれども、好かれない。冷たい感じを与えてしまう。

リンゴ畑にいるのに、梨畑にいると思っている。

最初に「あなたは腐ったリンゴ」と言われ、その後も言われつづけた。

だから「あなたはすばらしいリンゴ」と理解してくれる人がいることを知らない。

無駄なエネルギーを使わなければすごいことができる。

恥ずかしがり屋の人は、自分の価値を売り込めば売り込むほど嫌われる。

リンゴの私は昔、梨畑にいた。周囲の人はリンゴを評価してくれなかった。

すると大人になってリンゴ畑にいても梨畑の感覚で話している。

リンゴ畑ではみんなリンゴの価値を知っている。

無駄なエネルギーを使うことをやめたら人はすごいことができる。

「こんなリンゴ食べてもらえると嬉しいな」と言えばいいものを、「あなたはリンゴなんか食べないわよね」と言う。

恥ずかしがり屋の人はいまの人間関係に接していない。昔は自分のことを認めない人に囲まれていた。

しかしいま、彼の周囲の人たちは違っている。その人をその人として認めている。しかし彼はそれがわからない。

人間関係の「遠近感」がわからない

恥ずかしがり屋の人は、権威主義的な親をモデルにして自分の人間観をつくる。そうすれば、人が怖いのは当然であろう。

ノイローゼになるような人や恥ずかしがり屋の人は、小さいころから「親しさ」を体験していない。親との関係で「近さ」を経験していない。

「近さ」を経験するから人間関係の遠近感が生じる。こんなことは親だからしていいとか、他人にはしていけないとかいう人間関係の遠近感が出てくる。

しかし小さいころ、親との関係で「親しさ」を体験していないと、人間関係の遠近感が出てこないから、はじめて会った人にとんでもない「親しさ」を要求してしまう。

ノイローゼになるような人や恥ずかしがり屋の人は、はじめて会った人に親にするようなことを要求してしまう。

「いじめは家庭から始まる」というが、恥ずかしがり屋も家庭から始まる。

女性恐怖症の人が通りがかりの女性を誘うというのは、対人恐怖症の人が人間関係の遠近感がわからないからである。

この女性恐怖症の人は、人間関係の遠近感がなくて自分のなかの衝動しかない。

その衝動でもっとも重要なものは幼児的願望である。

そこで見知らぬ人に自分の幼児的願望をぶつけてしまう。

人間関係につまずく人は人間関係の遠近感がわからない人である。


のちに述べるアメリカの社会学教授ギルマーティンの著書によれば、恥ずかしがり屋の人(the love-shy man)は、女性から見ると、自分の望みを表現するのがあまりにも早くて奇妙に感じられるという。

つまり関係がわかっていない。

はじめの関係ができる前に、心のなかでは気持ちがかなり進行してしまっている。

ふつうの人は「このタイプはこうかなあ?」と思って接近する。恥ずかしがり屋の人は長くて堅い関係(permanent, binding relationship)だけがふれあいだと思っている。

はじめての会話ははじめてにふさわしい会話でふれあいになる。人間関係の遠近感が理解できていないから自然のつきあいが始まらない。

恥ずかしがり屋の男は「あの女を落とすにはどうしたらいいか」というようなことを楽し

く考えることができない。

今度、会議で会うから、すこし派手めの背広を着ていこう。斜め前に座って、そしてにこやかに挨拶しよう。

そしてこちらに気が向きはじめたら一度、素知らぬフリをしよう。「向こうは必ず慌てる。にこやかに、すこし冷たくをくりかえして、様子を見て誘ってみよう」

こんなことを楽しめないのである。

「あの女が初対面のときにつくった笑いはなんだったのだろう、あれは絶対にオレに気がある」。あの女に会うときには背広の襟元に気をつける。姿勢に注意しよう。

そうしてその目当ての女を落とす作戦を立てる。それを時間をかけて実行していく。

そのようなことを恥ずかしがり屋の男はしない。

それをするエネルギーがないのである。人とふれあっていないから持続するエネルギーがない。自分の側から働きかけていく積極性が欠けている。

目当ての女がすぐにこちらを向いて、向こうから誘いやすい状況をつくってくれないと、あきらめる。

そして誘うときには、まさに「いきなり」なのである。

人間関係の遠近感がないことが、最近の若者の「人と、どうコミュニケーションをとってよいかわからない」という悩みであろう。

この人間関係の遠近感が問題にならないのが、インターネット。

それでネットだと気が楽なのである。

テレビに出てきたあるネットの専門家が「面と向かって言えないことはメールでも言わないようにしようよ」と言っていたが、じつはネットで友だちを捜しているような人は、面と向かっても、ふさわしくないことを言う人なのである。

恥ずかしがり屋の人が友だちの家にいる。

「何時までいてもいい？」と聞く。

友だちは「三時まで」と答える。

自分は四時までいられるし、いたいけど、「四時ではダメなの？」と言えない。

相手が「あー、時間だわ」と言えば、そこですぐに立ち上がる。

「四時までは無理なの?」

「無理だよ」

「あー、そう」

それが会話だが、そういう会話ができない。


恥ずかしがり屋の人は、自分の考えを伝えない。

自分の意志を伝えて、嫌われてもいい、それが人間。それが人間の尊厳。

「自分の意志が言えた」という喜び。恥ずかしがり屋の人はそれを大切にする。


安心して「自分をさらす」ことのできる相手がいない

恥ずかしがり屋の人は、「なんで?」と聞かれると不安になる。

人は「なんで?」と意味がなくても聞くことがある。

人はなんで不愉快になるのか。

それは気持ちがズレるから。

人が「なんで?」というのは、ズレを埋めようとしているだけ。

それが会話。

逆に恥ずかしがり屋の人は、人から「いけない」と言われると、「どうしていけないの？」と聞けない。

信頼を築きあげる第一歩。それが聞くこと。

「そのウエーバーの本を貸して」

「ダメ」

「なんでダメなの？」

それが会話。


恥ずかしがり屋の人はそれが聞けない。

本は読みたい。

恥ずかしがり屋の人は、言えたら楽になる。

恥ずかしがり屋でない人が恥ずかしがり屋の人に言った。

「君はかわいそうだよねー、言えたら楽だよ」

言えない人は、損をする。

なぜなら、言えない人にはずるい人が近寄る。そして利用される。

恥ずかしがり屋の人はコミュニケーションできないから誤解が多い。

「だから嫌いなのよ」と言われる。

相手は「そこが嫌い」と言っているのに、自分という存在そのものが嫌われていると思ってしまう。


人が自分の感情を表現するためには、相手に対する信頼感がなければ無理である。

相手に対する信頼感がなければ自分を出せない。

「自分を出す」ということは、コミュニケーションのなかで、「自分をさらす」ということである。

相手に対する信頼感とは、相手が「実際の自分」を知っても、自分を見捨てないという安心感である。自分をさらけだしても傷つかないという安心感である。

その安心感のうえにコミュニケーションが可能になる。ひとりでは自分を出すということはない。

つまり恥ずかしがり屋の人は人とうまくコミュニケーションができない。

だらしのない格好は人前ではしない。相手に不快感を与えるから。それがマナーである。

しかし、ときに親しい人の前ではだらしのない格好をしてしまう。それが許される。

それが親しいコミュニケーションである。「なんでも話せる」という人間関係がこれである。

だれにでも「なんでも話していい」というわけではない。だれにでも「なんでも話して」はいけない。

人間の持っている反社会的なもの、非社会的なものをその人との関係のなかで消化する。

それが親しいコミュニケーションである。

会話が弾む。

恥ずかしがり屋の人には、アホな自分が、この人には受け入れられるという感覚がない。

社会的に望ましい存在ではなくても、「この人」は受け入れてくれるという安心感が自信につながる。

ありのままの自分が受け入れられると感じたときに、自己表現ができる。そこにその人の個性が表れる。

「こんなことを言ったらバカにされる」という恐怖感や不安があれば、おしゃべりな人も無口になる。

恥ずかしがり屋の人には、ありのままの自分が受け入れられる体験が必要。

しかし、ふつうの人は多少のリスクを冒《おか》しても自己表現をする。

恥ずかしがり屋の人はそのリスクを避けてしまう。


「かもしれない」という言い方は愛情を求めている

相手の男性が持っているカバンを「あ、このカバン、カッコいい」と女性が思った。

そこで「このカバン、私と会うときには、はじめて?」と聞く。

恥ずかしがり屋の男性が答える。

「はじめてかもしれない」

女性が「バリー?」と聞く。

恥ずかしがり屋の男性が答える。

「バリーかもしれない」

自分が持っているカバンが何かを知らないはずがないと、女性は思い込んでいる。

そこで「イヤな人」と思う。

「自分の持っているカバンが何かを知らない」ということを女性は信じられない。

ところがほんとうに知らない男性もいる。

そこで「ズレ」が生まれてくる。

お互いの誤解が生じて、お互いに「イヤな人」と思う。

カバンにまったく関心がない人と、関心があってもないフリをしている人がいる。

女性はその男性を「関心があってもないフリをしている人」と受けとった。そこで男性のことを「イヤな人」と思う。


ほんとうに「はじめて」と知っていても、「うん、はじめてだよ」と言わないで、「はじめてかもしれない」と言う人がいる。

「かもしれない」という答えは、屈折している照れ屋の男性がする答え。

それは愛情を求めている。

「たぶん……」という言い方も同じで愛を求めている。

「たぶん……」とか「……かもしれない」に含まれているのは、相手に関心を持ってもらいたい、かまってもらいたいという感情。

しかし「たぶん……」とか「……かもしれない」という反応の仕方は、褒めている人が滅《め》入《い》っていく。

「もういいかげんにして」となってくる。

そこで会話が、進まなくなってくる。

波が動かないのと、同じこと。

恥ずかしがり屋の人は、小さいころ、素直に褒められたことがない。相手を素直に「ステキ」と言いたくないような人ばかりに囲まれていた。

恥ずかしがり屋の人は、相手にもっと理解してもらおうとする努力が欠けている。

先の会話の「……かもしれない」は、説明する必要がある。

「ステキね」

「あー、よく見える？　これ五年くらい前に買ったんだけれども」

あるいは「そう、そんなステキに見える？　これ新しくないよ」と言う。

その人が言った真意を理解できないとき。

「え、どういうこと？」

そこで補足説明をする。これで誤解が解ける。


相手は「言葉が足りない」と言う。

たとえば、その男性が「自分のいま言っていることが常識的ではない」と知っていれば、

「これ前に買っているんだけれども」と補足する。

しかし、お互いの常識が違う。

そこで女性は「知らないはずがない」と思うが、男性は補足説明をしない。

こうして関係が壊れていく。


こちらが素直に反応しても、相手が屈折していると感じることもある。人は価値観、生活習慣が違う。

ブランド品が好きな人と、気にしていない人では、会話が誤解を生んでくる。

自分の持っているものを「これはルイ・ヴィトンだ」と知っている人と、知らない人では

違う。

たとえば前の会話で、男性が「バリーかな」と言いながら、カバンを見てみた。

「あー、バリーだった」と言う。

お見合いならこれで終わり。

人は同じ価値観で、同じ生活習慣というわけではない。だから恥ずかしがり屋の人にとっては、ことさらコミュニケーションが難しい。


恥ずかしがり屋の人は沈黙に耐えられなくて、人といると何か話さなければという気持ちが強い。

しかし恥ずかしがり屋の人は、恋人と会っていても何を話していいかさえわからない。あるいは自分の気持ちをどう表現していいかわからない。

だからデートは、「どこそこへ行った」と言えるデート・コースでなければならない。

そこで、彼女と会うときには緻密《ちみつ》なスケジュールを立てる。

そこに行くことでホッとする。

それが、恥ずかしがり屋の人の「一生懸命する」ということ。

そこでうまくいかないと「こんなに一生懸命頑張っているのに」と、相手の女性に不満を持つ。

一生懸命努力することはデート・コースを決めることではなく、相手の話を聞いて相手を理解しようとすることである。

恥ずかしがり屋の人は努力の方向が間違っている。

人にはいろいろなつながりがある。仕事でつながった人。趣味でつながった人。バイトでつながった人。

しかし、恥ずかしがり屋の人はそこで自分を出しているわけではない。

だから仕事や趣味やバイトがなくなれば、その人たちと別れる。

自分を出してつきあっていれば、そこでのつながりがなくなっても別れない。

II　自己表現が苦手な人たち

拒絶されるのが怖い

恥ずかしがり屋の人は、自分の感情も自分の意見もうまく表現できない。

アメリカの社会学教授ブライアン・ギルマーティンは、十年以上にわたって恥ずかしがり屋の人の調査をしてきた。彼は同性愛者を除くシャイな男性三〇〇人にインタビューをして調査した。ニューヨークとロサンゼルスが中心で、うち二五人は南部。七つの大学で行ったインタビューは三時間のつもりが多くは四時間になったという。

その鍵は社会的ひきこもり（social withdrawal）である。

三十五歳から五十歳までの一〇〇人の未婚でシャイな人。これを以後、この本のなかでは「恥ずかしがり屋の大人」と表現する。十九歳から二十四歳までの二〇〇人の未婚でシャイな人。これを「恥ずかしがり屋の大学生」とこの本のなかでは表現する。

一方、十九歳から二十四歳までの二〇〇人の非シャイな人。これを「自信のある大学生」とここでは表現する。また「恥ずかしがり屋の大学生」と「自信のある大学生」は同じ社会的バックグラウンドからとっている。

そのギルマーティンの著書（Brian Gilmartin,"The Shy-Man Syndrome",Madison Books）によると、「自分の感情を表すのが難しい」という質問に対して「恥ずかしがり屋の大学生」で六六パーセント、「恥ずかしがり屋の大人」で九三パーセントが肯定している。「自信のある大学生」ではわずかに一九パーセントである。

「あなたは静かな赤ん坊で、泣かなかった」を肯定しているのは「恥ずかしがり屋の大学生」で七三パーセント、「恥ずかしがり屋の大人」で八六パーセント。「自信のある大学生」でわずかに一六パーセント。

明らかに恥ずかしがり屋の人は自信のある人にくらべて自己表現が難しい。

人は恋をする。

もちろん恥ずかしがり屋の少年も恋をする。

しかし、その自分の気持ちを相手に表現できない。

なぜか？

それは拒絶されるのが怖いからである。

また、どう話しかけていいかわからないからである。

話しかけたあと何を話していいかわからないからである。

恥ずかしがり屋の若者は好きな女の子を「好きだ、好きだ」と思いながら、こちらから行動に出られない。遠くからじっと見守っている。

たまたま隣に座ればチャンスなのだが、話しかけられない。彼らは恋ばかりではなく一般的に人との関係でつねに抑制的である。

友だちになれるチャンスはいくらでもある。しかしそのチャンスを利用できない。チャンスを活かせない。

むしろチャンスは気が重い。

自分のほうから話しかけて人間関係をつくるくらいなら、ひとりでいたほうがよい。そのエネルギーがない。

自信がないために自己主張できない恥ずかしがり屋の人は、いつも我慢をしている。そこでなんとなく暗い人間になる。

人は、一度うまくいくとそれをくりかえすのだが、恥ずかしがり屋の人はその最初のきっかけがつくれない。

そして孤独である。

心のなかはさみしさで泣いている。しかし表面上は、ときに突っ張って強がりを見せていることもある。

こうして、しだいにやさしい心を失っていく。

危険なのは孤独に慣れてくることである。

自己主張できないストレス

恥ずかしがり屋の人は、感情が吐けない。

だから恥ずかしがり屋の人は傷ついている心がいつまでも癒されない。人はマイナスの感情を出したところで癒される。

心理的には渋滞の道路にいるのと同じ状態である。自己主張できない、自己表現ができないでたまった感情で、身動きがとれなくなっている。

その結果がストレス。

そのストレスに孤独がともなう。

その結果、感情が吐けなくて単にストレスがたまるばかりではなく、孤独がそのストレスの影響を甚大化する。

帰りの電車で「今日の課長の態度は許せない」と思う。しかし腹が立ったそのときに課長に抗議をしていれば、帰りの電車のなかで気持ちは軽い。

また、一杯飲みに行って親しい同僚と課長の悪口を心ゆくまで言えれば、怒りの感情が吐けて楽になる。

恥ずかしがり屋の人は自己主張できないから謙虚に見える。しかし謙虚に見えるが満足しているのではない。

自分が謙遜して言うことを、聞いた人がそのまま受けとると不満になる。

たとえば、内心では自分が「英語がうまい」とうぬぼれていても「私の英語なんか……」と謙遜する。

相手が「そうですか……」と反応すれば不満になる。そうすると陰で悪口を言いたくなり、心の底からその人を嫌いになる。

「私の英語なんか……」と謙遜したのは、「あんなにできるのに、あのように言うなんて」と尊敬されたいから言ったのである。

尊敬され、好かれるために謙遜したのであって、ほんとうに謙虚なわけではない。

だから言ったことを言葉どおり受けとられると不満になる。

恥ずかしがり屋の人はすぐに人に譲ってしまう。

譲っているが、納得して譲っているわけではない。

したがって譲るたびに心の底に怒りが蓄積されている。

そしてイライラする。

私は『電車は「心の休憩室」』（ＰＨＰ研究所）という本を書いたが、いつもイライラする人は、電車のなかで「なぜ自分はこんなにイライラしているのか？」と考えることである。

そこに恥ずかしがり屋の人間としての自分を見つけるかもしれない。

いままで長年にわたって、何かにつけて心ならずも人に譲って生きてきたことが、いまの抑えられた激しい怒りの原因かもしれないのである。

「ノー」と言えずに騙される

恥ずかしがり屋の人のなかには、人と視線を合わせるのが難しい視線恐怖症の人がいる。視線を合わせたあとでどうしていいかわからない。

自分の側に意志があれば、視線が合っても、とまどうことはない。

しかし恥ずかしがり屋の人は意志がないから、視線が合うことが恐ろしいのであろう。

お店のレジでお金を払うときでさえも、目を合わせられない。

とにかく他人を避ける。そして何かをやるとき、主導権をとれない。それは主導権をとって相手を満足させられなかったらどうしようと思うからである。

主導権をとれないというよりも主導権をとられてしまう。

だからずるい人のカモになってしまう。そしてビジネスなどでも失敗をする。

アメリカの社会でいえば、「いいえ、何も心配することはありません。ここにただサインをしてください」と言われてサインをしてしまうような人である。

「いいえ、よくわかりませんので、弁護士に相談してからにします」と言いたいのだけれども言えない。あるいは「よくわからないのでサインはできません」とか「よく考えてからにします」と言えない。

そして営々として働いて築いてきた財産を失う。それが恥ずかしがり屋の人の悲劇でもあり、特徴である。

小さいころから見ることと見られることの相互性のなかで生きてきていない。

小さいころから親に正面から向きあってもらっていない。

根が従順だから、大人になってもいざというときにその弱さが出てしまう。

つまりずるい人などに強引に何かを勧められると、心ならずも譲ってしまう。

最近の日本の例でいえば、リフォーム業者に騙されるような人である。

恥ずかしがり屋の人は、そのときに「ノー」と言わなければ自分に被害がくるとわかっても、「ノー」と言えない。

「ヤダ」と言うのは自分の意志である。恥ずかしがり屋の人は自分の意志を表現するのが怖い。

恥ずかしがり屋の人はリフォーム業者に騙されるばかりではなく、いろいろな人に騙される。信じていた人にも騙される。

だから恥ずかしがり屋の人はうつ病になりやすいのである。うつ病になって「死にたい」と言うのは、恨みを晴らしたいということである。

うつ病になるような人は、悔しいときに「恨みを晴らしたい」と攻撃性を外に向けるのではなく、「死にたい」と内にこもる。だから周囲の人はその悔しさに気がつかない。そしてずるい人はその弱さにつけ込んでくる。

人間、いちばん苦しいのは騙されたとき。「よくも騙してくれたな」と思ったときには苦しみで絶叫する。

しかし恥ずかしがり屋の人は、さみしいからお世辞や表面的な親しいフリによく騙される。

また、人にものを勧められない。

人にあることを勧めて、もし相手が気に入らなかったときのことを考えると恐ろしい。

小さいころから自分を抑えているうちに、自分が自分のことを好きではなくなっている。

楽しいことがなくなるから、人生はあまりよいものではないと感じざるをえない。

すでにふれたギルマーティンの調査によれば、「人生におもしろいことがたくさんある」という質問に対して肯定したのは「恥ずかしがり屋の大学生」で三四パーセント、「恥ずかしがり屋の大人」で二〇パーセントである。

恥ずかしがり屋の人は自分のしたいことをしていないから、何をしても、したことが安心感とか、満足感とか、達成感とか、なんらかのプラスの感情と結びついていない。

だから意味のないことをくりかえす。

したことがプラスの感情をともなえば、「自分はこうして生きていけばいいのだ」ということを学習する。

うつ病になりやすい恥ずかしがり屋の人

恥ずかしがり屋の人は人前でぎこちなさを感じる。

そこで、話しかけられるのを避ける。

話しかけられるのを避けるために、食堂では本などを読んでいる。

したがって人と会っていると疲れる。なぜなら自然にしていられないから。不安な緊張をするから。

アーロン・ベックはうつ病の人について、この恥ずかしがり屋の人とほとんど同じ説明をしている。

うつ病の人は会話を始められない。何かを尋ねられたときには、わずかな言葉で返事をする。何かを聞かれても口数少なく答える。

それは言いたいことがないからである。

ただ人の悪口なら、その場に関係ないことまで話すことがある（'The patient does not initiate a conversation or volunteer statements and, when questioned, responds in a few words.' Aaron T.Beck,"Depression", University of Pennsylvania Press, 1976, p.41）。

そうなれば、恥ずかしがり屋の人は営業などで実績を上げることが難しい。

営業などで実績を上げるタイプは積極的で人を嫌わない。自信がある。

奥ゆかしさと恥ずかしさとは違う。

とにかく彼らは感情を表現できない。

だから恥ずかしがり屋の人は、スタンフォード大学の教授で恥ずかしさの心理の研究者として名高いジンバルドーの言うように、うつ病になりやすい。

会話が弾んでいるときには、無心になっている。だから自分が表現されている。会話が弾んでいると、自分がどういう人間であるかがわかる。

私が訳したマックギニスというカウンセラーの本に「汝《なんじ》自身を人に示せ、そうすれば汝自身を知ることになるだろう」と書かれていた。

まさにそのとおりであるが、恥ずかしがり屋の人は自分を人に示すのが怖い。

恥ずかしがり屋の人は警戒心が強いから無心な会話ができない。

われわれがあまりにも巧みに、他人から自分を隠しおおせるとき、真の自己との接触を失いがちであるとジンバルドーは言う（Philips G. Zimbardo, "Shyness", Addison-Wesley Publishing Company, 1977, p.114）。

他人から自分を隠すと冷静に自分を分析できない。分析できないから自己発見もできない。

ところで、「真の自己との接触を失う」とはどういうことか？

それは自分の感情を自分がわからないということである。自分が何をしたいかわからない。

なぜ自己主張できないのか

恥ずかしがり屋の人は、自分のほうからは何も表現しないでも、相手から自分の感情を汲んでもらいたいと思っている。

要するに紳士ぶっていて甘えたい。その点、欲張りである。

バカになればいいが、バカになれない。

自分が「こうしたい」と言わない。「みなさんが喜ぶから」と言う。

こうして相手に仮託した言い方をする人は、やさしい人を演じつつ、自分がしたいことをしようとする。

「そうしたほうがいいんじゃないかな?」と言う人も同じ。

あるアメリカの大学に語学の短期留学をした人たち。

そこでは初級と中級と上級に分かれた。

そのうち受講生たちから中級外国語の先生への不満が出た。

日本の担当者はアメリカの大学に交渉したが、大学はその先生を替えなかった。しかし当局は受講生へのお別れパーティにその先生を呼ばなかった。

するとと受講生から「呼んでくれ」という願いが出された。アメリカの大学の担当者は驚いた。

つまり、日本の受講生の言っていたのは自己主張ではなく文句だったのである。

人はなぜ、自己主張することを避けるのであろうか。

それは自己主張することで嫌われることを恐れているからである。

相手に気に入られようと自己主張を避ける人は多い。そして自分の感じ方、考え方を犠牲にする。

気に入られたいという気持ちのために、人はどれくらい自分を痛めつけているかわからない。

そのように自分を偽っているうちに、自分がほんとうはどのような人間であるかもわからなくなる。みんなに嫌われて、ひとりになるのが不安なために、人は他人と同じであろうとする。

自己主張しない人はみな従順なだけかと思うと大きな間違いである。心の底にひそかに敵意を抱いている。

そして恨みがましい性格で、人の不幸をひそかに喜んでいたりする。

権威主義的な親に育てられた恐怖

ただそうなってしまうのは、恥ずかしがり屋の人が怖くて怖くて自己主張などできない環境で育ってきたからである。

たとえば表現した感情が親の気に入らないものであったときどうなるかと思うと、恐ろしくて自己表現できない。

「えー、あの人スゴーイ」と自分の尊敬の感情を表現したら、劣等感が深刻な父親の逆鱗《げきりん》にふれて、夜中の二時三時まで責め苛《さいな》まれたら、もう自分の感情を表現するのは怖い。

飼っていた犬が死んで悲しくて立ちなおれなくなった。そのときに父親から「男のくせに、犬が死んだくらいで、そんなに悲しむのは、男のクズだ」と言われた。そこからもう悲しみの感情は表現できなくなる。

その恐怖が大人になっても感情的記憶のなかにしっかりと記録されている。そしてなかなか消えない。

何か言おうとしたときに、その感情的記憶がよみがえり、もう怖くて言えないのである。何か言おうとしたその瞬間、体のなかに恐怖がよみがえる。

だから自己主張も自己表現もできない。

そして自分のなかに閉じこもる。

心を閉ざしてしまう人は、小さいころの恐怖のシステムに支配されているのである。

恐怖感も、その恐怖の体験のあとで癒されるものがあれば、あとには残らない。

しかし恥ずかしがり屋の人は、恐怖のあとに癒しは何もなかった。母なるものを持った母親がいれば恐怖のあとに癒しがある。

体験したことのない人がなかなか理解できないのが、この恐怖のシステムである。


ある有名人である。

招待先で帰り際に「車を用意してあります」と言われた。

すると自分の車があるのに、「いいえ、自分の車がありますから結構です」と言えなくて、自分の車をそこにおいて、招待してくれた側の用意した車で帰ってきたということがある。

「車を用意してあります」と言われた瞬間、断って嫌われる恐怖が体に走るともう何も言えなくなる。

彼は小さいころ、相手の好意を断ったときに、恐怖の体験をしている。それが感情的記憶となって、大人になっても自動的に「ありがとうございます」と言っている。気がついたら言っている。

馬にある音を聞かせたあとに床に電流を流す。それをくりかえすと電流を流さなくなっても、馬は音を聞くと蹄《ひづめ》を上げる。「事実上、この馬は、過去においては適切であったが、すでに無意味となった行為に固執する」(Paul Watzwick,"How Real is Real?" 小林薫訳『あなたは誤解されている』光文社、一九七八年、六〇〜六一ページ)。馬が蹄を自動的に上げてしまうように、人間も自己表現をしようとした瞬間に自動的に恐怖が走って黙ってしまう。

権威主義の親の前で自己表現できる子はいない。

よくいじめられた子どもに「言い返せばいいじゃないか」と言う人がいるが、それは言い返したときの恐怖の体験をしていない人が言う戯言《ざれごと》である。

そもそも権威主義的な家庭に育てば「言い返す」などという文化はない。

権威主義的な家庭というのは従順以外には何も許されていないのである。従順、服従が最高の美徳である。いつも気持ちは萎縮《いしゅく》している。いつも怯《おび》えている。

従順が美徳のなかで育った人がいる。

その萎縮した気持ちは、そう簡単に消えるものではない。これは、自分を表現することが許された環境で育った人にはなかなか理解できない。

同じこの世に生まれても、自分の感情や意見を表現することを励まされる子もいる。

ある人は地獄のなかに生まれたのであり、別の人は天国のなかに生まれたのである。

ある人にとってはこの世は地獄であり、別の人にとってはこの世は天国である。

小さいころ、恐怖の体験をした人でないと、「怖くて言えない」という心理はなかなか理解できない。

自分の意に反したことを相手が言ったときには、従順を強いられた人は自分のなかに閉じこもる以外に方法がないのである。

自分のなかに閉じこもることがどれほど不愉快で苦しいことかは、想像ではなかなか理解できない。

それは深い絶望と孤独の感情である。

自分の気持ちを汲んでもらえない悲しさと怒りとが絡んだ複雑な感情である。

矛盾した感情が同時発生して、自分自身がどう対応していいかわからない。したがって閉じこもる以外に方法がない。

恥ずかしがり屋の人は、こうしてどのくらい自分の正当な攻撃性を抑圧しているかわからない。

攻撃性を抑圧することで、その人が無意識の領域で払っている代価は大きい。

つまり、無意識の領域で自信を失っていく。

したがって社会的にどんなに成功しても自信がない。

「看守」と「囚人」の関係

恥ずかしがり屋の人は、小さいころから「看守と囚人」という人間関係で生きてきた。

囚人は看守に迎合しているが、看守を心の底では好きではない。

ジンバルドーの看守役と囚人役の実験がある。みんな心理テストを受けて健全とわかった。

看守役は最初は横柄に振る舞っていたが、そのうちに囚人たちに対して残忍になって、サディスト的な態度をとるようになった。

囚人のほうは感情的な苦痛、無力感、そして究極的には愚かなほどすべての規則に順応するということで、そうした力の示威《しい》に反応した（“Shyness” 木村駿・小川和彦訳『シャイネス〈1〉内気な人々』勁草書房、一九八二年、一一〜一二ページ）。

囚人は反発すれば罰せられる。

権威主義的な親に対する子どもの反応はこうしたものであろう。

恥ずかしがり屋の人は、小さいころから看守と囚人の関係のなかで生きてきているのである。

だから従順であることは当たり前である。迎合が身についてしまっている。

ひとりのなかにこの両方を持つのが、極端にシャイな人であるとジンバルドーは言う。日本ではいじめられる人といじめる人とが同じ人間であることが多い。小学校でいじめられた人が、中学校ではいじめる側にまわることで恨みを晴らしている。

恥ずかしがり屋の人は実際は囚人なのに、「なりたい自分」は看守である。

恥ずかしがり屋の人は「理想の自分」と「実際の自分」との乖離《かいり》が大きい。

だから毎日がものすごくストレスに満ちている。イライラしながら相手に従順になっている。

恥ずかしがり屋の人は人と対立することを恐れている。だから自分の意見を言えない。相手の意見と自分の意見が違ったら困る。

人と対立することが気まずさを招く。そこで気まずい思いをするくらいなら、意見を言わないほうを選ぶ。

自己主張など気が引けてできないからと言って、自己主張したい内容自体がないわけではない。

言いたいことはある。心の底ではふつうの人よりもわがままだから、言いたいことはふつうの人よりもたくさんある。

実際にはふつうの人よりもわがままなのに、表面的にはふつうの人よりも従順に振る舞う。

そこで心のなかはふつうの人よりも不満である。しかしその不満を言えない。

ただ長いこと意見を言わないでいると、自分の意見がわからなくなる。そして理由はわからないが、ただなんとなく不満になる。

「言わない」ことを選択した人たち

恥ずかしがり屋の人について「言えない」という表現をここまで使ってきた。

しかし正確に言うと「言わないということを選択している」のである。

たしかに意識の上では「言えない」のである。「言おう」としても「言えない」。

しかし無意識のところまで考慮に入れると、「言わないということを選択している」のである。

つまり、あることを意識の上では言おうとしたけれども、無意識にある恐怖感に動かされて言わなかった。

「言うこと」と「言わないこと」との選択で、無意識の領域にある恐怖感に従って「言わないこと」を選択したのである。

「あなたがなんらかの行動をしたとします。すると、そのたびに自分のしたことの動機となった考えを強めています」という『自己創造の原則』（三笠書房）の著者であり、アメリカの精神科医として名高いジョージ・ウエインバーグの主張からすれば、無意識の領域にある恐怖感は、言いたいことを言わないたびに強化されている。

したがって恥ずかしがり屋の人は、恥ずかしさを改善するよりもどんどん恥ずかしがり屋になっていく。

そのことはギルマーティンの調査を見ればわかる。歳をとった恥ずかしがり屋の人のほうが、若い恥ずかしがり屋の人より強度の恥ずかしがり屋である。

私たちは意識の上で安全を求めて行動する。しかし無意識の領域ではその代価をきちんと払っている。

無意識に払う代価という問題を私たちは考えない。

だからこそオーストリアの精神科医ベラン・ウルフが言うように、幸せも不幸せも複利でふえていくのである。

それは先ほど述べたジョージ・ウエインバーグの「人間の行動はその背後にある動機を強化する」という主張とも一致する。

私たちはビジネスでは取引先をどこにするかを選択するし、選択していると思っている。

買い物に行けば、価格を選ぶか、品質を選ぶかを選択する。どこのお店で買うかも選択している。これらのことはだれでも選択していると思っている。つまり意識の上でも選択している。

私たちはレストランに入ればメニューを見て、何を食べるかを選択する。

このときには、だれでもラーメンを食べるか、カレーライスを食べるかを選択していると思っている。

しかし私たちは、何気ない日常生活ではいろいろなことを選択していないと思っている。

ところがやはり選択しているのである。それはいま書いたように無意識の領域まで考慮に入れれば、選択しているということである。

無意識下に存在する不満

先に恥ずかしがり屋の人は「不満を言えない」と書いた。

なぜか？

それはみんなから気に入られたいからである。

気に入られるために自己主張ができない。

みんなにいい顔をしてしまう。

しかし心の底では不満である。ものすごいストレスがたまる。

したがって、恥ずかしがり屋の人が黙っているからといって満足しているわけではない。八方塞がりになって黙っているだけである。

不満は日に日に心の底に蓄えられていく。そして相手に向けられない攻撃性が自分に向けられる。

だから、うつ病になったり不眠症になったりするのである。本人がそれに気がついているときもあるし、気がついていないときもある。

しかし、ふつうの人よりも不満は吐けていない。チュービンゲン大学の教授であったクレッチマーは、体験にともなう感情などを発散し、放電する性格の能力を「伝導能力」と呼んでいる。恥ずかしがり屋の人は、そのたまった感情を処理する「伝導能力」がない。

小さいころから自分を抑えることで気に入られる習慣が身についてしまっている。そこでいつでも言いたいことを我慢する。

だが不満であることには変わりはない。その不満が無意識の領域に追いやられていることもあるし、意識されていることもある。

小さいころから人に迎合したつきあい方が身についてしまっている。

そこで心の底には不満が積もりに積もっていく。毎日毎日、不満が心の底に堆積していく。

本人が気がつかないうちにその不満は計り知れないほどの量になっている。それがその人の性格に影響を及ぼさないわけがない。

恥ずかしがり屋の人は何もかもが不満なのである。何もかもが癪《しやく》の種である。人のすることは何もかも腹が立つ。無意識まで考慮に入れれば、人がそこに立っているだけでも腹が立つ。

それをすべて我慢している。恥ずかしがり屋の人が抑うつ的になっても不思議ではない。

上司に気に入られようと思って自分の感情を抑える。自分を抑えて上司にとって都合のいい部下になる。

逆に上司が部下に気に入られようとして自分のわがままを抑える。自分を抑えることで部下にとって都合のいい上司になる。

恋人に気に入られようとして怒りを抑える。配偶者に気に入られようとして感情を抑える。

自分を抑えるといっても、相手のことを思いやって自分を抑えるわけではない。相手から嫌われることを恐れるから自分を抑えるのである。

恐怖感を持てば人は心を閉ざす。

そしてこの恐怖感と、そこから生じた不満は、その人のコミュニケーション能力を破壊する。

コミュニケーション能力がなくなれば、努力しても報われない。相手のためと思ってしたことが、相手の癇《かん》にさわることになる。

そうなればやってもやっても報われない。そこで怒り心頭に発する。そうなってもやはり怒りを抑える。

行き場を失った怒りは自分に向けられる。こうして人は「うつ」になる。

ジンバルドーは、「恥ずかしがり屋の人はうつ病になりやすい」と言うが、まさにそのとおりであろう。

III 頑張っている自分に自信がない

助けのない人生

恥ずかしがり屋の人は助けを求められない。

恥ずかしがり屋の人、それは小さいころから自分ひとりで生きてきた人。何をするときも、だれも助けてくれなかった。

小さいころから自分ひとりの力で生きてきた。周囲にはだれも頼れる人がいなかった。思いやりの心を持った人が周囲にひとりもいなかった。人が自分のことを助けてくれるという感覚がないままに大人になった。

だから人と協力して何かをするという習慣がない。人に助けてもらう習慣が身についていない。

そして、それがつらいことだという意識もないままに生きている。

じつは恥ずかしがり屋の人はものすごく頑張って生きてきたのである。だからほんとうは自分に自信を持っていい。

「私はたいしたものだ」と自信を持っていい。ふつうの人にはとうていできないことをしてきたのである。

恥ずかしがり屋の人は、褒められると照れてしまう。

それは自分は褒められるに値しないと思っているからである。褒められると自己イメージと違うから違和感がある。

恥ずかしがり屋の人の自己イメージはすごく悪い。

しかし、その自己イメージが間違っているのである。

これを私は「自己無価値感妄想《もうそう》」と呼びたいのである。それは誇大妄想と正反対の妄想である。

恥ずかしがり屋の人は、自分が生まれ育った環境を考えれば、「自分はすごい」と思っていいのである。

事実すごい。だれにも助けてもらえないで、ひとりでここまで頑張って戦って生きてきたのである。

だれがここまでできるか。

先に紹介したギルマーティンの調査によれば（"The Shy-Man Syndrome"）、「成長期にひとりも助けてくれる人がいなかった」という質問に対して「恥ずかしがり屋の大学生」は九〇パーセント、「恥ずかしがり屋の大人」は一〇〇パーセントの人が「いない」と答えている。恐ろしいことである。

それに対して「自信のある大学生」では、「三人から四人」と答えている人が五九パーセントもいる。

「十代まで情緒的助けと励ましがあった」については「恥ずかしがり屋の大学生」で八パーセント、なんと「恥ずかしがり屋の大人」では〇パーセントである。「自信のある大学生」は五三パーセントである。

そしてさらに恐ろしい結果がある。「現在頼りになる人がいる」ということに対して「恥ずかしがり屋の人」は〇パーセント。「自信のある大学生」は一〇〇パーセント。〇パーセントと一〇〇パーセントである。信じられないような恐ろしい数字である。

恥ずかしがり屋の人は、弁護士なしで裁判官の前で検察から訴えられているようなものである。

ジンバルドーは、恥ずかしがり屋の人は、母親でさえもが宗教裁判官であるとさえ述べている。

自分のイメージをつくりなおす

恥ずかしがり屋の人が自信を失うのは、人間はだれでも同じ人間環境のなかで成長してきたと思うからである。その前提で他人と自分を比較して自信を失う。

人間は同じ環境に生まれているのではない。

恥ずかしがり屋の人は、自分の生まれ育った人間環境を考えて、「よくここまで生きてきたなあ」と自分の努力に感嘆してよいのである。

それは十分に賞賛に値する。

恥ずかしがり屋の人に必要なことは、自分についてのイメージを変えることである。

自分は賞賛に値しないというイメージを変えることである。

たしかに世の中には情緒的に成熟した人がいる。心理的に健康な人がいる。自己実現している人がいる。社会に貢献している人がいる。

それらの人を賞賛することはよい。たしかに立派な人たちである。

しかし、それらの人は小さいころ信じる人がいた。母性的保護を得て成長した。子どもの研究家として名高いボールビーの言葉を使えば、愛着人物の有効性を信じて成長した。

それに対して恥ずかしがり屋の人には、小さいころ母性的保護がなかった。母なるものと接しないで生きてきた。

「あなたの母親はあなたを産むときにダイエットしていた」か？

これに対して「恥ずかしがり屋の大学生」で四四パーセント、「恥ずかしがり屋の大人」で四七パーセント。「自信のある大学生」では〇パーセントである。

子どもを恥ずかしがり屋にした母親は、子どもを産むときも自分をスラリと見せようとする気持ちが強くて、子どものために食べるということをしない。

「産むときの苦しみの話を母親がする」ということに対しては、「恥ずかしがり屋の大学生」で一二パーセント、「恥ずかしがり屋の大人」で一六パーセント。「自信のある大学生」では〇パーセントである。

だいたい母親が子どもに産みの苦しみを話すということは異常である。

恥ずかしがり屋の人の母親は、残念ながら母なるものを持った母親ではなかった。弱点を責めることはあっても、努力を認めてくれる人ではなかった。

恥ずかしがり屋の人の周りには、責める人しかいなかった。それでも恥ずかしがり屋の人は今日まで反社会的にもなることなく生きてきたのである。

それは十分、賞賛に値することなのである。

小さいころから批判にさらされて生きてきた。そして自分はダメな人間であると思い込まされて成長した。だから人に頼らなければ生きていけない弱い人間だと思って生きてきた。

これは自己無価値感妄想である。

人に頼らなければ生きていけない弱い人間なのに、周囲には頼れる人がいない。困ったときに助けてくれる人がいない。

そうした人間環境のなかで生きてくれれば自己執着は強くなる。助けてくれる人がいないのだから、自分で自分を助けなければならない。

迎合も八方美人も望ましいことではないが、恥ずかしがり屋の人が迎合するのは当たり前である。八方美人になるのも当たり前である。

母性的保護がなくて助けてくれる人がいない人間環境のなかで成長すれば、自己執着が強くなるのは、雨が空から降ってくるのと同じように自然なことである。

恥ずかしがり屋の人はいま、自分が自己執着の強いイヤな人間であることを認めることである。しかしそれにもかかわらず「私は賞賛に値する」と信じてよい。

人間の価値は社会的価値だけで決まるものではない。社会的に価値がなくても、人間として価値のある人はたくさんいる。逆に社会的に価値があっても、人間として価値のない人もたくさんいる。

たったひとりの戦い

恥ずかしがり屋の人はスポットライトを浴びたいと願いながらも、実際にスポットライトが当たると身を引いてしまうとジンバルドーは言う。

そのとおりである。自分はスポットライトを浴びるに値しないと思うからである。

しかし、そんなことはない。恥ずかしがり屋の人は十分にスポットライトを浴びるに値する。自信を持ってスポットライトを浴びていい。

ふつうの人は生まれてから必要なときには助けがあった。もちろんふつうの人の周囲にいた人も、人間である以上、完全な人はいない。だから完全なサポートはない。

だが、必要最低限の助けはあった。

ふつうの人はたったひとりで生きてきたわけではない。苦しいときにはだれかがかばってくれた。

けれど恥ずかしがり屋の人はだれもかばってくれなかった。周囲の人から責められているときに、だれもかばってくれなかった。母親さえもかばってくれなかった。

そんな人間環境のなかで生きてきたらだれだって強い人に迎合する。それしか生き延びる方法がなかったのである。恥ずかしがり屋の人に「迎合するな！」などと言っても無理である。

それは困ったときにだれかが助けてくれた人の言うことである。

恥ずかしがり屋の人はたったひとりで戦って生きてきた。いじめられてもだれも助けてはくれなかった。ひとりで耐えなければならなかった。

周囲の人の「何か役に立つ」ということ以外には生き延びる道がなかった。

だからうつ病になるような人は、「役に立っている」という感覚があるときに心理的に好調なのである（大森健一「うつ病者と雰囲気」、飯田真編『躁うつ病の精神病理〈3〉』弘文堂、一九七九年）。周囲の人の役に立っているときに安心できる。

恥ずかしがり屋の人は生まれてからずっと心理的にはまったくの孤児である。実際の孤児には孤児院がある。そこで保護される。

しかし心理的な孤児はどこからも保護を得られない。

そしてだれも助けてくれない。当然のことながらだれも生き方を教えてくれない。

恥ずかしがり屋の人の特徴で、たとえば「自己主張できない」というが、それは当たり前である。自己主張するように教えられていないのだから。

恥ずかしがり屋の人は自己主張の仕方を教わっていないのである。

その心理的な原因は別の箇所で説明しているのでここではふれない。

だいたい親をはじめ周囲の人はだれも「こういうときにはきちんと自分の意志を言ったほうがいいんだよ」と教えていない。

さらに「自分の意志を伝えてもだれも不愉快になんかならないよ」と教えられていない。

彼らが成長したのは、そういう人間環境なのである。

現実の世の中には、実際に不愉快になる人もいるし、ならない人もいる。

「マナーはきちんと守らないと周囲の人に嫌がられるよ」とか「そんな態度は周囲の人には不愉快なものだよ」とか「大人にもいろいろな人がいるから、煽《おだ》てられていい気になっていては将来苦労するよ」とかなんでもいい。とにかくなんでもいいから、「生き方」を教えてくれるような人が彼らの周囲にはいない。

そして「自分には価値があるのだ」という感覚をだれも与えてくれない。「学校の勉強は自分なりにきちんとしておいたほうがいいよ」とか「自分にできることをきちんとすればいいので、『実際の自分』以上の真似をしなくても、あなたはあなたでいいのだよ」とか教えていない。

とにかくだれも自己肯定感を持つようには指導していない。

自分にできることをしてそれで立派なのだ、ということをだれも教えていない。

だから恥ずかしがり屋の人は自分を守るために迎合する。あるいは人に優越しようとする。優越できないと自暴自棄になる。努力しなくなる。

いずれにしても落ち着きのない生き方である。

真面目なのだけれども、「実際の自分」以上のことをしようとするから結局は実りのない人生になる。

最後は社会的にも挫折するか、挫折しないときにはものすごい不満を心の底に堆積させている。

恥ずかしがり屋の人は人間関係が理解できていない。何をどの人に頼めばいいのかが理解できていない。

孤立感がもたらす心の闇

スタンフォード大学の心理学者レビンはサルに光を当てて、そのときに穏やかなショックを与えるという実験をした。そして突然ショックがなくなっても、光がフラッシュするとサルには恐怖の反応が起きる。血圧が上がる、コルチゾールのレベルが上がる。

でもサルが仲間のサルといると反応は半分になる。別の実験では血圧の上昇はなかった(Daniel Goleman, Ph. D. and Joel Gurin,"Mind/Body Medicine", Consumer Union, 1993, p.337. 'Feeling supported by others may serve as a buffer that mitigate the output of stress hormones during traumatic situations.' Evidence comes from animal studies conducted by psychologist Seymoure Levine at Stanford University.)。

メランコリー親和型の人は血圧が高いとテレンバッハの著作『メランコリー』(Hubertus Tellenbach,"MELANCHOLIE", Springer-Verlag, 1961 木村敏訳『メランコリー』みすず書房、一九七八年)に出ているが、そのとおりである。その原因のひとつは、自分を助けてくれる人がだれもいないと感じていることからくるのではないかと私は思っている。

現在の日本人の高齢者には血圧が高い人が多い。いろいろと原因はあるだろうが、孤立感が大きな原因ではないだろうか。

お医者さんは血圧が高いというとすぐに塩分の摂《と》りすぎだとか、運動不足だとか生理的なことを言うが、そればかりが原因ではない。

オハイオ州立医大で免疫学を教えるロナルド・グレイザーと心理学者のジャニー・グレイザーは学生の調査をした（"Mind/Body Medicine",p.337）。

試験のときにはストレスで免疫システムの細胞は活動が弱くなった。しかし医学部の学生で友だちや家族とつながっていると感じている学生は、孤独な学生よりも免疫の変化はなかった。

恥ずかしがり屋の人にも家族や友人はいるが、自分を助けてくれる家族や友だちはいない。

助けてくれないばかりではない。その家族や友人がストレスの原因なのである。ふつうの人は家族や友人に助けられるが、恥ずかしがり屋の人は家族や友人にいじめられるのである。

ふつうの人にとっては家族や友だちはプラスであり、恥ずかしがり屋の人にとっては家族や友だちはマイナスである。

恥ずかしがり屋の人は家族や友だちのマイナスの感情の捌《は》け口となっている。それだけに恥ずかしがり屋の人のストレスはふつうの人よりも強い。したがって免疫システムの細胞は活動が弱くなり、病気がちにもなる。

メランコリー患者も同じである。彼らはなぜ助けを求められないのか。

「彼女は他人から恩を着るのが嫌だったから人に物を頼みたくなかった」（"MELANCHOLIE"『メランコリー』二五一ページ）。

みんなが親切だということも彼女の心をますます束縛するだけだった（前掲書、二五三ページ）。

喜んで何かをしてもらった経験がない。

なぜか？　恩を着せられて育っているから。

じつはエネルギッシュなはずなのに……

恥ずかしがり屋の人は利用する、利用されるの関係しか経験していない。

「持ちつ持たれつ」という経験がない。「持ちつ持たれつ」の長い時間があって、はじめて人は親しくなっていく。

恥ずかしがり屋の人は、温かい感情を表現しあう環境のなかで生きてこなかった。憎しみの環境のなかで生きてきた。

人を思いやることをいつも感じながら成長してくれば自然と身につく習慣が、身についていない。

恥ずかしがり屋の人が助けを求められないもうひとつの理由は、助けを求めることで人とかかわってしまうからである。

恥ずかしがり屋の人は人とかかわりたくない。それは恥ずかしがり屋の人がいままで、他人に巻き込まれて損をするという体験が多かったので、すぐにそれを予想するからである。

さらに重要なことは、恥ずかしがり屋の人は人が嫌いなのである。

恥ずかしがり屋の人は「食事をつくってくれ」と言えない。

彼らは自分を守る原点を忘れている。人に優越することで自分を守ろうとしている。しかし自分を守るということは、自分の意志を伝え、親しくなることなのである。

食事中にテーブルの上の物を指して「それ取って」が言えない。それはみんなが嫌いだから。

心理的に健康な人でも嫌いな人には頼みたくない。相手に「こうしてほしい」が言えない。「あなた、コピーして。あなた、部屋を掃除して。お花を買ってきて。私はこれをするから」――これが親しくなるということである。

恥ずかしがり屋の人は、自分が相手にしてほしいことを要求しても愛され、好かれるということが理解できない。

自分が相手に何かを与えることによってしか愛されないと信じている。

事実、小さいころにはそうだったのである。

環境が変わったのだけれども、彼の心のなかでは環境は変わっていない。

彼らは人から物を借りられない。「貸して」と言えない。

恥ずかしがり屋の人と心理的に健康な人とでは、成長の過程でさらに大きな違いがある。

子どもをエネルギッシュにする親がいる。逆に子どもを萎縮させる親がいる。

この違いは大きい。

川の流れに沿ってカヌーを漕いでいる人と、激流に逆らって漕いでいる人がいる。

流れに沿って漕いでいる人はスーと進んでいける。しかし激流に逆らって漕いでいる人は死に物狂いで漕いでもなかなか進まない。

恥ずかしがり屋の人は、激流に逆らってカヌーを漕いで、ここまで生きてきたのである。それはものすごいことなのである。

恥ずかしがり屋の人は、心理的に健康な人を見て、「エネルギッシュだなー」と思うかもしれない。しかし、ほんとうにエネルギッシュなのは恥ずかしがり屋の人かもしれない。

母親さえもが検察官であった人と、母なるものを持った母親に育てられた人とでは、育つ環境に天と地の開きがある。子どもにとってもっとも重要な母親にプラスとマイナスの違いがある。

子どもをエネルギッシュにする親と、子どものエネルギーを萎縮させる親とがいる。

恥ずかしがり屋の人は親からエネルギーを殺《そ》がれながらも、なんとかここまで生きてきたのである。

「私はよくやった」と自分に誇りを持つのが当たり前である。

他方はエネルギーをポンプで注がれながら生きてきたのである。

人間のパーソナリティはどう形成されてくるのか。

「大人のパーソナリティは未成熟な時期を通じての重要な人物たちとの相互作用、なかでも愛着人物たちとの相互作用の所産と見なされる。

したがって幸運にも、ふつうのよい家庭で愛情のある両親と一緒に成長してきた個人は、支持、慰め、保護を求め得る人たちを、またその人たちをどこで見いだせるかをつねによく知っている。

これがくりかえされてでき上がる。成人したときにそれ以外の世界を想像できない。

困難にぶつかったときに、いついかなるときにも彼に援助の手をさしのべてくれる信頼に足る人物がつねに存在するという無意識に近い確信を彼に与える」(John Bowlby, "Attachment And Loss".p.208 黒田実郎・岡田洋子・吉田恒子訳『母子関係の理論〈二〉分離不安』岩崎学術出版社、一九九一年、二三〇ページ)

愛されて育った人は、恐れを感じる事態に直面すれば、信頼できる人物を上手につかまえ、助けを求める。

それに対して恥ずかしがり屋の人は、恐れを感じる事態に直面してもだれにも助けを求めることができないで、ここまで生きてきたのである。

その自分に自信を持っていい。

Ⅳ　問題はだれにでも潜んでいる

分離不安から人に近づけない

恥ずかしがり屋の人は人に近寄るのが困難である（"Shyness"『シャイネス〈1〉内気な人々』一八ページ）。そして人といると居心地が悪い。

恥ずかしがり屋の研究家として名高いジンバルドーは、恥ずかしがり屋の人が人に近寄るのが困難な原因として「臆病、警戒心、不信感」をあげている。

それ以外にも「低い自己評価」や「実際の自分以上の自分を他人に見せる」などがあるだろう。

そして、もっとも重要なのは、育つ過程で人と接するときに主導権をとることが身についていないということである。

恥ずかしがり屋の人は、小さいころ、たとえば病気になったときにお母さんが側についていてくれなかった。

お母さんにかまってもらいたくて袖を引っ張ったときに、お母さんは無視してあっちに行ってしまった。

要するにお母さんが側にいてほしいときに、お母さんは側にいてくれなかった。お母さんに話しかけたときにお母さんから望むような応答はなかった。そうした体験が重なっている。

人格発達の分野で優れた業績を上げ、母子関係の研究者として世界でもっとも名高いボールビー博士の言葉でいえば「愛着人物の有効性」を信じられなかった（"Attachment And Loss"『母子関係の理論〈二〉分離不安』三五ページ）。

恥ずかしがり屋の人は、小さいころから分離不安に悩まされたのである。分離という語はつねに、主導権が母親かあるいはほかの第三者によって握られていることを意味している。

分離不安は、愛着人物の「接近性と応答性」についての不安である（前掲書、二四二ページ）。「接近性と応答性」とは、子どもは母親にいつでも接することができるし、接すれば母親は応答してくれるということである。

恥ずかしがり屋の人は小さいころから、愛着人物に近づくのに、人に主導権をとられてきた。

自分の意志で好きな人に近づけない。近づくのは相手の意志。

その状態が分離不安である。

その分離不安が恥ずかしがり屋の人にはある。

お母さんであれ、保育士さんであれ、愛着人物に近づくのは子どもにとってもっとも重要なことである。彼らはそのことで主導権をとられてきた。

自分が近づきたいときに、好きな人に近づいていれば、自分の主導権で自分の欲求を満足させることを学習できる。

残念ながらそれが小さいころからできなかった。

他人とかかわりたくない

恥ずかしがり屋の人は他人とかかわりあいたくない。

人と話をするのも気が進まない。

人と話すのにエネルギーがいる。話すということは頑張って話すということである。リラックスして話すことができない。

人と一緒にいて相手に失礼になることをしないかといつも恐れている。相手の話を楽しめない。緊張して聞いている。だから人と一緒にいることで消耗する。長くなればクタクタになる。

パーティに出席すれば楽しそうにしていないとみんなに失礼になると思うから、楽しくないのに無理に楽しそうにする。何かを聞かれれば無理をして楽しそうに笑って返事をする。沈黙になると身の置きどころがないから、話すことがないのに無理に話題をつくって話をする。沈黙になりそうになっただけで、沈黙になったらどうしようと不安な緊張に襲われる。

だから話をしている間にエネルギーを消耗して、疲れる。パーティが終わってホッとするが、肩がコチコチに凝《こ》っている。

相手を見れば話すことは出てくるのだが、相手を見ないし、相手に関心がないから話がない。

恥ずかしがり屋でない人は、話をするのが楽しい。話すのにエネルギーはいらない。逆に会話でエネルギーが出る。

恥ずかしがり屋の人を表すのに「寡黙」という言葉が使われる。寡黙は、恥ずかしがり屋の人の他人に対する嫌悪感をよく表す言葉である（"Shyness"『シャイネス〈1〉内気な人々』三八ページ）。

しかし恥ずかしがり屋の人も、もともと寡黙であったというわけではない。寡黙になるような人間環境のなかで育ったのである。

まず人間嫌いの人に囲まれていた。そういう集団のなかで成長した。話をすることを学習していない。どうしたら話ができるのかがわからない。小さいころに、人とふれあって生きなかったことの悲劇である。小さいころに、楽しい話題で食事をしなかったことの悲劇である。

人はそこにいるのがおもしろくないときには話をしない。黙っている。そこにいて楽しいときには話す。

つまり恥ずかしがり屋の人が話をしたくないというのは、いる場所が楽しくないということである。

ボロを出してはいけないと思っていたら緊張して饒舌《じょうぜつ》にはならない。

これらのことを総合して考えると、要するに恥ずかしがり屋の人は「人が嫌い」ということである。

だから恥ずかしがり屋の人も、人の悪口を言うときには饒舌になる。たまたまリラックスしたときである。

楽しい体験を避ける

恥ずかしがり屋の人は、人に近づくことが難しく自己主張や自己表現が難しい。

ジンバルドーはそうした恥ずかしさの心理の結果として「新しい人に会ったり、友だちをつくったり、潜在的によい体験をすることが難しい」(“Shyness”,p.12) と言う。

すでに恥ずかしがり屋の人は臆病で、警戒心があり、不信感を持っていることは説明した。

その結果、いろいろな新しい人間関係の体験には消極的になる。引っ込み思案になる。

新しい人に会ったり、新しい友だちをつくったりということを積極的にしない。新しい人に会うことを嫌がる。

新しい人に会うくらいならひとりでいたほうがいい。

もちろんだれでも新しい人に会うことが、すべて結果としてすばらしい体験に終わるわけではない。あるときにはイヤな体験に終わることもある。しかし嬉しい体験になることもある。

それは接してみなければわからない。

恥ずかしがり屋の人は、そうした可能性のある経験をはじめからしようとしない。

恥ずかしがり屋の人は、嬉しい体験をする機会はあるが、その機会を活かせない。

たとえば、たまたま隣に好きな人が座っても話しかけられない。抑制型の人である。

恥ずかしがり屋の人は美人でもハンサムでも、その機会を活かせない。

チャンスを活かせるか活かせないかは人による。

恥ずかしいから、歌わない。

下手だから、歌わない。

下手だから、泳がない。

下手でも平気で泳ぐ人がいる。

恥ずかしがり屋の人は、人目を気にして、したいことをしない。

そのうちに自分のしたいことがわからなくなる。

下手だとみんなから笑われると思っている。

下手なことが恥ずかしいことと思っている。

こうして泳ぐ楽しさ、歌う楽しさを捨てている。


恥ずかしがり屋の人はいままで人一倍頑張ってきたにちがいない。

しかし認めてもらえなかった。それればかりか失敗したときには親からさえも叱責されてきた。

だから失敗するのが怖い。人が怖い。

そこでいままでの失敗のつらさを再体験することを恐れて、何事にも消極的になっている。

「うまくいかなかったらどうしよう?」と小さいころからいつも心配だった。

何をするのも、自分の力を試されているような気がして心配だった。

そうしたら自分が嫌になるだろう。

自分が自分をもてあますだろう。

相手も自分のことをもてあますのではないかと恐れる。

相手が自分といて楽しくはないだろうと思う。そして、自分が楽しくないことを相手は察知するのではないかと恐れる。そこで申し訳なくて萎縮する。

また、そう恐れれば恐れるほど相手に卑屈《ひくつ》にならざるをえない。

そして相手に迎合したり、相手に迷惑をかけてはいけないと恐れたりしてビクビクする。

ジンバルドーは恥ずかしさの結果として、潜在的によい体験をすることが難しいと述べている。

ところで、「潜在的によい体験」とはどういうことだろうか。

ジンバルドーはその内容を書いていないが、たとえば一緒に楽しく食事をすることであり、会話をしてお互いの心にふれることである。

大学生であるなら、ゼミの仲間と楽しく研究することであり、クラブに入って仲間と合宿することである。

ビジネスパーソンでも主婦でも同じことである。一緒に仕事をしたり旅行に行ったり、おしゃべりをしたりする。

それは愛すること、楽しむこと、笑うこと、満足すること、自分のなかに力を感じることなどであろう。

なぜ恥ずかしがり屋の人はこれらの体験ができないのであろうか。

それは恥ずかしがり屋の人が、心の底に憎しみがあるからである。

また、いままでそうした体験を楽しもうとして失敗した挫折経験があるからである。その苦《にが》い気持ちを再体験したくないからである。

「体験することが難しい」とは、仲間と一緒にいてもそれが楽しくないということであり、また同時にそれらの体験の機会から逃げてしまうということであろう。

それらの体験を避けてしまうということであろう。

やればできるのに、恥ずかしがり屋の人はそれらの体験の機会を自分から避けてしまう。

恥ずかしがり屋の人には自分の心を鼓舞する体験がいままでにない。

「楽しかったなあ」という思い出がない。

認めてほしいという切実な思い

恥ずかしがり屋の人はうつ病になりやすいということをジンバルドーが言っている。

うつ病者は小さいころから嫌いな人といる。嫌いな人といるからうつ病になった。

うつ病の人は人間関係がおかしい。

うつ病者は家族のなかで醜いアヒルの子なのである。

彼以外のほかの家族はお互いに心がふれあわなくてもよい。彼らは同じ種類の人間だから。彼だけがふれあいたかった。

ほかの人たちは、その人が自分たち家族を嫌いだと認めさせない。


恥ずかしがり屋の人はさまざまな不要な心配をして生きている。それは別の箇所で説明をする予期不安とか期待不安と言われるものである。

たとえばそのひとつに顔を赤らめるという心配がある。

恥ずかしがり屋の人は自分をよく見せたい。

顔が赤くなるのは本質を突かれたとき。

彼らはいつも本質を見破られるという不安を持っている。そして本質を見破られたら、自分は嫌われると思っている。

自分がほんとうにしたいこと、それができなかった挫折感で顔が赤くなる。その挫折感を隠している。

しかしどこかで自分を出したい。でも出せない。

それはそうした人間環境で育ったからである。

「いやね、こんな子、産まなければよかった」

そうした声を聞いて育った。無関心で育てられた。

そうなれば「本質を見破られたら嫌われると思う」のは当たり前である。

自分を認めてほしい。でも認めてもらえない。だから自分を出さない。

恥ずかしがり屋の人も、自分を表現したい。

認められたい。

この二つの感情が矛盾する。

認められたいから、「自分を表現したい」といういまの欲求を否定しなければならない。

認められるためには、自分の本質を見抜かれてはいけない。

そこで失敗しそうなところに出ていかない。その結果、どうしても恥ずかしがり屋の人の世界は小さくなる。

それでも期待したように自分を認めてくれない。

うつ病にならないようにするには、恥ずかしがり屋の人はまず家族への執着を捨てることである。

恥ずかしがり屋の人が家族に執着しているのは、家族に心理的に依存しているからである。

自立するとは、執着を捨てることである。

愛着人物のいない不安

「臆病、警戒心、不信感」があるということは、日常生活でものすごくストレスが強いということである。

それは、恥ずかしがり屋の人は自分の能力を発揮できないということである。

リラックスして自分がしたいことをしているときというのは能力が全開する。

さらに「臆病、警戒心、不信感」があれば、人とつきあっても楽しくはない。

一度、映画に一緒に行って楽しいからまたその人と行きたいと思う。そこで相互作用はくりかえされて関係ができる。

恥ずかしがり屋の人はなかなか恒常的な関係ができない。

恥ずかしがり屋の人は自分が傷つきそうな場面を避ける。傷つくことを恐れて、人と会うことに怯えるから、いよいよ孤立する。

そして自分の欠点に意識を集中させる。

ことに性的な出会いは、恥ずかしがり屋の人にとって深刻な脅えを引き起こす（“Shyness”『シャイネス〈1〉内気な人々』一六五ページ）。

そこで身を引く。それが自己評価をさらに下げる。

近づきたいけど、近づくのが怖い。迷うだけで決断ができない。

近づきたいけど、近づけないから、いい友だちができない。そして向こうから近づいてきた人に騙される。

騙す人は、恥ずかしがり屋の人のように自分を守ることだけを考えている人を捜す。

これは実際にあった話である。

高校三年生の女子が「妊娠した」と言った。恥ずかしがり屋の大学生は、自分を守ることばかり考えている。

そこで彼は困惑した。

ところが、これは高校三年生の女子とその母親が仕組んだ罠。

男のほうが騙される。

脅された男のほうは「すこしのお金で別れられた」と思っているが、女の方が上手《うわて》。じつは、妊娠していなかった。

「つまらない男だから、お金を取って捨てよう」と女は思った。

困惑のときにこれが起きる。

恥ずかしがり屋の人は困惑する事件が起きていないのに、起きたと思って困惑する。

そして困惑したときに利用される。

この大学生には信頼する仲間がいなかった。信頼する仲間がいれば対処は違った。
「信頼する仲間がいれば、いかなる種類の事態に対する恐怖も減少する。対照的に、ひとりぼっちになると、いかなる種類の事態に対する恐怖でも増大する」（“Attachment And Loss”『母子関係の理論〈二〉分離不安』二二二ページ）
困ったときに助けてくれる愛着人物がいると思っているか思っていないかで、不安と恐れは違ってくる。

恥ずかしがり屋の人にはこうした愛着人物がいない。この大学生には信頼できる仲間もいないし、母親も怖い。母親に話せば怒られるだけで、解決はしてくれない。

小さいころから何かあると怒られるだけで、だれも解決してくれなかった。そこで何かあると怖いから自己執着が強くなる。

「なんとかなるさ」という安心感がない。いつも不安で怯えている。

ボールビーは「恐怖への敏感性の程度」は愛着人物がいるかいないかに左右されると言う。「恐怖への敏感性の程度」とは、どれくらい「怖がるか」ということである。

困ったら助けてくれる人がいると思えば、人は挑戦する。

「人が怖い、人に近づきたくない、人に会いたくない」という恥ずかしがり屋の人は、小さいころから愛着人物の有効性を信じられなかった。

それが彼らの人に対する不信感を生みだしている。

恥ずかしがり屋の人は困ったときも困っていないときも、自分ひとりで生きてきた。

自分ひとりの力では生きていけないときも、自分ひとりの力で生きてきた。だから臆病で警戒心が強い。

恥ずかしがり屋の人を「臆病、警戒心、不信感」と説明する。それは恥ずかしがり屋の人が育った人間環境を考えれば当然である。

人と会っていて、「この人は自分を批判する」と思っているのと、「この人は自分が困ったときに助けてくれる」と思っているのとでは、会っているときの消費するエネルギーが違う。

人から評価されるのが怖い

世の中にはまともに挨拶ができない人がいる。

「人が怖い、人に近づきたくない」という心理が極端まで行けば、挨拶するのも苦になる。

そして事実、安心して人に近づけないのは、自分が嫌われる存在という自己イメージがあるからである。

人に近寄るのが困難な原因のひとつとして、先に「低い自己評価」をあげた。

自分は嫌われる存在という自己イメージがそれである。

ではなぜそうした自己イメージを持ってしまったのか？　その原因は親が人間嫌いだからである。親は子どもが嫌いである。

子どもは、自分はそのままでは嫌われる存在だと思うから、人に迎合する。迎合することで自分が自分にとって頼りなくなる。

自分自身が頼りないから、人が怖いし、人に近寄りがたい。そこでさらに迎合する。

この悪循環である。

迎合して一方的に相手に尽くしだしたら、だれでも相手を嫌いになる。

人は孤独なときにそうする。

人間の心と行動は好循環していくときと悪循環していくときがある。

それがオーストリアの精神科医ベラン・ウルフが言う、幸福も不幸も複利でふえていくということである。

いったん不幸になりだすと、坂道を転がるようにどんどん不幸になっていく。

「人が怖い」というと不合理と思う人がいるかもしれないが、決してそうではない。

肉体的に傷つけられたときに「人を恐れる」ということはだれでも納得する。

しかし心理的に傷つけられても同じことである。やはり人に近づくことは怖くなるだろう。

恥ずかしがり屋の人が「人が怖い」という理由には、二つある。

一つめは、人とどう接してよいかわからない。

二つめは、人から評価されることが怖いということであろう。

自分より力のある人から自分が評価されるのが怖いのである。そして、その評価はいままではいつも低かった。

そしてその低い評価ゆえに責められた。だから人が怖いのである。

評価されるだけで、責められることもなく、「実際の自分」が受け入れられて、いままでの楽しい人間関係を維持できるのならよい。

しかし評価のあとで、必ずその評価に従って批判されるということが続く。

だからもう人に近づくのが怖い。もう人と接することに疲れている。

恥ずかしがり屋の人は、小さいころから権威主義的な親を喜ばせることが仕事であった。

権威主義的な親を喜ばせるためには従順でなければならなかった。

しかし、従順な振る舞いをしていることの結果が自分自身への頼りなさである。

そうした生活をしているうちに、自分のなかに人に知られては困るものができるのは当然である。

それがまた人と会うときに緊張感を生む。

権威主義的な親は、子どもにとって圧倒的に力のある存在である。

その圧倒的に強い力の人が自分を責めていた。権威主義的な親は、自分をありのままの自分として受け入れてはくれなかった。

そう理解すれば、恥ずかしがり屋の人が「人が怖い」というのは納得できないだろうか。

温かい無関心が欲しい

恥ずかしがり屋の人は、いつも従順な被告の立場で生きてきた。

恥ずかしがり屋の人には、自分は相手にとって望ましい存在ではないという基本的感情がある。

何かを与えなければ、自分は相手にとって意味がないという感じ方になってしまっている。

自分は相手に好かれているという実感があって、その人といることに安心する。

相手は自分を好きだという確信がなければ、その人といてリラックスできない。

相手は「自分と一緒にいて楽しいだろうな」と思えれば、人といることは居心地悪くない。

恥ずかしがり屋の人にはその確信がない。

また同時に、自分が相手を好きでなければリラックスできない。

ところが恥ずかしがり屋の人は、人が嫌い。

だから人といてリラックスできない。

自分が相手を嫌いだから、相手も自分を嫌いだと思う。

自分が相手といて窮屈だから、相手も自分といて窮屈だろうと思う。

そこで恥ずかしがり屋の人は相手に歩み寄らない。

ふつうの人は歩み寄る。

そして恥ずかしがり屋の人は人といることが窮屈だから、人が自分に近づいてきてほしくない。

近づいてきてほしくないが、孤立とか孤独は困る。

近づいてきてほしくないが、関心は持っていてもらいたい。

無視されるのはイヤである。ことに仲間外れはイヤである。

近づいてきてほしくないが、仲間と思っていてほしい。

欲しいのは「温かい無関心」。

ある雑誌の新聞広告を見ていたら、うつ病経験者の対談でのタイトルが、たしか「温かい無関心」であった。

これこそは恥ずかしがり屋の人が、人との関係で求めているものである。

親といるときには、親は空気のような存在で、「温かい無関心」であるが、親の場合には「温かい無関心」などとあえて言わない。

母なるものを持った母親は本能でそれをする。

母親は子どもに関心をもっているが、子どもの好きなようにさせる。

温かい無関心は子育ての基本。

いまの母親も子どもが小さいころには温かい無関心を持っている。子どもが中学生になるといまの母親は、それができない。

小さな子どもの場合には、「温かい無関心」をやろうとすればできる。

温かい無関心を受けるには、受ける人が無力であることが条件である。

ところで、なぜうつ病者は他人とのかかわりは「温かい無関心」がいいと言うのだろう。

こういうことをうつ病者が言うのは、その人間環境の土壌に不信感があるからである。大人になってもこういう関係を求める人の根っこにあるのが不信感。

要するに「私は干渉されるのもイヤだけれども、無関心も不安だ」ということである。

ある高齢者が「ひとり暮らしの侘《わび》しさ、二人暮らしの煩《わずら》わしさ」と書いていた。

「温かい無関心」とは、二人暮らしで煩わしくない生活をさせろということである。

たとえば男が恋人とは別の女に会いに行く。そのときに恋人に無関心でいろと言う。そして、もしその女とトラブルになったら、そのときは関心を持って解決してくれということであろう。

それなら温かい無関心となる。

女が「温かい無関心」なら、男は女に捨てられていなくて自由を満喫できる。

自分を保護してくれるけれども、勝手放題ができる。

簡単に言えば「温かい無関心」とは「私を気楽にさせてくれ」ということである。「無責任な幼児期に戻してくれ」ということである。

要するに「温かい無関心」を求める人は、「母なるもの」を求めている。

うつ病になるような人は母なるものを体験できないままに大人になり、その段階でもなおそれを求めているのだろう。

「温かい無関心」でも、親との関係では「虫がいい」とは言わない。

しかし、他人との関係では「温かい無関心」は「虫がいい」。

ひとりでは不安だから二人でいるけれども、ひとりのときと同じようにするということである。

「温かい無関心」は行為について言っていること。

心については関心を求めている。

要するに恥ずかしがり屋の人は他人といて居心地が悪い。そこで他人といても「オレを居心地よくさせてくれ」ということである。

つまり、うつ病者もうつ病になる前の恥ずかしがり屋の人も、幼児的願望が満たされていない。母なるものを体験していない。

他人と一緒にいることの居心地の悪さ

ところで、人に近づきがたいということと、人といて居心地が悪いということは、それほど大きな違いがあるわけではないが、ここまではどちらかというと人に近づきがたいということに焦点を合わせて、恥ずかしがり屋の人の心理を考えてきた。

ここからはどちらかというと、居心地が悪いという点に焦点を合わせて考えてみたい。

恥ずかしがり屋の人が「他人と一緒にいて居心地が悪い」というのは当然である。

人を避けることで不安から自分を守ろうとしている人が、人と接触するのだから「他人と一緒にいて居心地が悪い」。

「他人と一緒にいて居心地が悪い」のは、第一に相手が好きではないのに相手に好かれようとしているからである。

人と一緒にいると気楽にできない第二の理由は、恥ずかしがり屋の人が、相手にほんとうの自分を隠しているからである。

自分は相手の期待に添う人間ではないと感じている。相手にとって意味のない人間であると感じている。

そのうえで嫌われることを恐れている。

何度も言うが、小さいころから嫌われて育ったのである。

じつはその人が嫌われたのではなく、周囲にいる人が人間嫌いの人たちだった。

人間嫌いの人から、無理に可愛がられても、リラックスはできない。

ウエブスター大辞典ではシャイを「他人と一緒にいて居心地が悪い」ことだと定義してい

る（"Shyness"『シャイネス〈1〉内気な人々』一八ページ）。

他人と一緒にいて居心地が悪いのは、第三に自分が自分を信頼できないからである。ノイローゼの人は自分の心の内側に闇を持っている。

それを隠しているから人と会うのはしんどい。だから人間嫌いになる。

恥ずかしがり屋の人は、異性といると居心地が悪い（前掲書、五二〜五八ページ）。

恥ずかしがり屋の男性が女性といると居心地が悪いのは、男として自信がないからである。

何を話していいかわからないから、会話を進められない。

言葉のわからない外国人といるのも居心地が悪い。それはコミュニケーションできないからである。

同じように異性といて居心地が悪いのは、その異性とコミュニケーションできないからである。

恥ずかしがり屋の人の八〇パーセントが話をするのが気が進まないという（前掲書、二四ページ）。

彼らはあまり口をきかない。

自分は他人の期待に応えられないと感じるときに、他人と一緒にいても居心地が悪い。

日常生活の例で考えてみよう。

たとえば電器屋さんが家に来た。ＤＶＤプレーヤーを直すためである。しかし、電器屋さんはプレーヤーを直せなかった。

電器屋さんの気持ちはどうなるだろう。

奥さんは電器屋さんにプレーヤーを直すことを期待している。

電器屋さんは奥さんの期待に応えられなかった。

電器屋さんは面目がない。二度とこの家には来たくないであろう。二度とこの家の奥さんには会いたくないであろう。

しかし、それが職業だからまた来なければならなくなったとする。

すると奥さんは「今度は直してよね」と言いながら電器屋さんを見ている。

電器屋さんは緊張して手が震えるだろう。

電器屋さんはこの家の奥さんと一緒にいても居心地が悪い。

金魚がオタマジャクシに泳ぎ方を教えることを期待された。

しかし金魚は教えられなかったとする。

金魚は自分が魚としての価値が下がったと思う。

金魚はオタマジャクシに合わせる顔がない。面目ない。

金魚はオタマジャクシといて居心地が悪い。


なぜ他人と一緒にいて居心地が悪いのか。

第四に、人といるときに自分が完全であることを自分に期待するから。

他人が自分に完全であることを期待していると錯覚するから。

そう錯覚するから、第二の理由で述べたように実際の自分を隠す。

人は見栄があるから自分を隠す。見栄のある人は、「実際の自分」と違ったイメージを相手に植えつけようとしている。

しかし実際には、ふつうの人は相手に完全であることを期待などしていない。

じつはこれも、自分が相手に完全であることを期待していることの反映なのである。

自分が相手に理想の恋人であることを期待している。その願望を相手に外化《がいか》して、相手が自分に理想の恋人であることを期待していると錯覚する。

そこで自分のなかの理想的でない部分を隠さないといけないと、勝手に思い込んでいるだけである。

子育てに問題があると、世間の不評を買うと思っている。

しかしだれでも問題を抱えている。

多くの人は「問題を抱えているのは自分だけ」と思い、それを隠そうとしている。

ほかの人も問題を抱えているのに。

第2章

「恥ずかしがり屋」の深層心理

恥ずかしがり屋の人のさまざまな症状について述べてきた。そのなかで、すでにそのような症状を表す原因となる心理についても説明してきた。

それは次の四つにまとめられる。

「Ⅰ」　自分を責める
「Ⅱ」　低い自己評価
「Ⅲ」　矛盾した心理
「Ⅳ」　予期不安

この章ではそれらの心理についてより踏み込んで説明をしたい。

Ⅰ　自分を責める

不満を相手に言えない

相手の言うことが不満である。あるいは相手の態度が不満である。

そんなときは相手に自分の不満を言えばいい。それで解決できることもある。

しかし恥ずかしがり屋の人は、その不満を相手に表現できない。人との信頼関係がないから、不満を表現すればそれで関係は終わると思ってしまう。

また、どう不満を表現していいかわからない。そこで不満を内に閉じ込めてしまう。不満なときに攻撃性を外に出せないから、その攻撃性が自分に向けられる。

そして頑《かたく》なな性格になる。

不満が心の底にあるからどうしても人と打ち解けることができなくなる。そう考えると恥ずかしがり屋の人が部屋に閉じこもってしまうというのはよくわかる。

どうしてよいかわからないのである。

不当な批評家のいる家庭

恥ずかしがり屋の人は「たぶん自分自身に対するもっとも不当な批評家」であるとジンバルドーは言う。

しかも親がもっとも不当な批評家なのである。

その昔、育つ家庭で彼らは責められている。いつもいつも責められている。

親はその子を責めることで自分の心の傷を癒していたのである。だから親は子どもを責めつづけた。

親は自分の心の傷を自分で癒す方法がわからなかった。ただ子どもを責めることで心を癒していた。

恥ずかしがり屋の人は小さいころから責められていて、「こうしたらいいね」という会話ができていない。

恥ずかしがり屋の人は、自分自身に対するもっとも不当な批評家と言われるが、じつはそうした不当な批評家と小さいころから一緒だったのである。

母性的保護は人間の原点であるが、恥ずかしがり屋の人にはそれがなかった。

第１章で紹介した社会学教授ギルマーティンの調査（"The Shy-Man Syndrome", Madison Books）によれば、「恥ずかしがり屋の大学生」の母親と「自信のある大学生」の母親とをくらべれば、いろいろな点でその差は歴然としている。

「恥ずかしがり屋の大学生」の母親はイライラし、怒りっぽく、つきあいにくく、すぐに憂《ゆう》鬱《うつ》になる。

「母親が'I would die'といつも叫んでいた」ということに対して、「恥ずかしがり屋の大学生」の母親は三〇パーセント、「恥ずかしがり屋の大人」の母親で三八パーセント。「自信のある大学生」の母親ではわずかに三パーセントである。

「極端に緊張し、怒りを爆発させやすい」という母親は、「恥ずかしがり屋の大学生」で四七パーセント、「恥ずかしがり屋の大人」で五三パーセント。それに対して「自信のある大学生」の母で二〇パーセントである。

母親が癇癪を爆発させるというのは、「自信のある大学生」の場合は〇パーセント、「恥ずかしがり屋の大学生」は四五パーセントである。

そして母親は何時間も怒りつづけるという。毎日怒る母もいる。

恥ずかしがり屋の人が母親を説明するのによく使う言葉に、「人間関係で人の気持ちを逆撫でする」とか「居丈高な」とか「気難しい」などがある。

実際にこういう家庭を想像してみてほしい。すさまじい家庭ではなかろうか。このような家庭で子どもが心理的にまともに育つはずがない。

こういう母親は、子どもに向かって自分のマイナスの感情を吐きだしている。じつは子どもに甘えている。まさにボールビーの言う「親子の役割逆転」である。

なぜか？

この母親の心の底には挫折した欲望が渦巻いている。表現できなかったさまざまな幼児的願望が渦巻いている。怒りや憎しみが渦巻いている。

この母親は欲求不満の塊《かたまり》なのである。それを子どもに向かってぶつけている。ほかの人には怖くて出せないからである。

ほんとうは親が子どもの幼児的願望を満たさなければならない。親が子どもの甘えの欲求を満たさなければならない。

しかしこのケースは逆なのである。

恥ずかしがり屋の親は恥ずかしがり屋の子どもをつくる。

父親についても同じである。

「父親がいつも怒っていた」は「恥ずかしがり屋の大学生」の場合には三五パーセント、「恥ずかしがり屋の大人」になると四五パーセント。「自信のある大学生」の場合は一四パーセントである。

恥ずかしがり屋の人は、こうした人が両親なのである。これが自分のいちばん近いところにいる人なのである。

朝起きたら、そこにいるのがこうした怒りっぽい人なのである。それが毎日続く。居丈高で気難しい人と毎日一緒にいたら、その人はどうなるだろうか。

しかもその人は友だちではない。親である。子どもは経済的に自立できない年齢である。こんな人間環境で育ってユーモアのある人になるだろうか。よく笑う人になるだろうか。好かれる人になるだろうか。信頼される人になるだろうか。

「私のお母さんは忍耐強い」と答えた「恥ずかしがり屋の大学生」はわずかに一五パーセントであり、「自信のある大学生」は五四パーセントである。

母親が更年期にでもなれば大変である。

「母親が長い苦しい更年期障害を経験した」というのが、「恥ずかしがり屋の大学生」で二三パーセント、「恥ずかしがり屋の大人」で二九パーセント。「自信のある大学生」ではなんと〇パーセントである。

どの数字を見ても「恥ずかしがり屋の大学生」と「自信のある大学生」の親の差は歴然としている。

親が、恥ずかしがり屋の人をつくる大きな原因であるというのは歴然としている。

親の顔色ばかりうかがう子ども

自分のひと言で、母親や父親は怒りを爆発させる。物が投げられる。

食事中の自分のひと言で食卓がひっくり返る。

小さいころからこんな環境で育つ人のことを考えてみたら、恥ずかしがり屋の人の心理が理解できるのではないだろうか。

いつも怯えていないだろうか。いつも親の顔色をうかがっていないだろうか。リラックスするときなどない。

こうしたことを聞くと、恵まれた環境で育った人たちは、「親に文句を言えばいい」とか、

「親と戦えばいい」とか言う。

なかには「どうして言えないの？」とまで言う人がいる。

私たちが認識しなければならないことは、生まれたときからこうだったということである。幼児期からこうだったということである。

言えるはずがない。

恥ずかしがり屋の人が無口になるのは当たり前である。自責になるのは当たり前である。

小さいころから自分のひと言がどれほど恐ろしい事態を招くのかを体験していれば、楽しい会話はできない。

親がその子にとって不当な批評家だったからこそ、それを内面化して大人になって、恥ずかしがり屋の人は自分自身に対するもっとも不当な批評家になったにすぎない。

もし親から責められて育っていなければ、自分自身に対するもっとも不当な批評家などにはならない。

恥ずかしがり屋の人も生まれたときから「自分自身に対するもっとも不当な批評家」であったわけではない。

しだいに自分が「自分自身に対するもっとも不当な批評家」になっていったのである。

社会に出て人があなたを批判しても、それはそのときだけのことである。その人とはそのとき以外は一緒ではない。会社を出ればその人と一緒ではない。

しかし自分はつねに自分と一緒である。だからいつも非難されていることになる。


自分は背が高すぎる。

昔、「みっともないね」と言われた。


背が実際には高すぎないのに、なぜ「高すぎる」と言うのか？

それはほかに不満があるからである。

もともと自分が自分に不満なのである。

その不満がたまたま「背が高すぎる」ということで捌け口を見いだしているにすぎない。

自分が自分に不満でない人は、背が高くても、低くても、背が高すぎると感じないし、背が低すぎると感じない。

自責は自己表現や自己主張できない結果である。

自己主張できれば、「なんでオレは……」と自分を責める必要はない。

完璧にものごとを成し遂げたい。
そしてみんなから賞賛を得たい。
でも、できない。
そこで自分を責める。
最後には自分の弱さを嘆く。

親からの心理的離乳

自罰は、無価値感や屈辱感からくる苦しみを消すもっとも容易な方法だという（Rollo May, "Men's Search For Himself" 小野泰博訳『失われし自我を求めて』誠信書房、一九七〇年、一〇一ページ）。

生きるエネルギーを喪失しているから、立ち向かえないのであろう。

そして人に対して憎しみを持ちつつも、自分は人に迷惑をかけていると思って気が引けている。

「自罰は、他人から罰せられることを避ける方法である」という。

たしかにそのとおりであるが、そうならざるをえない彼らの幼少期であったのである。

たとえば肉体的虐待の被害を「恥ずかしがり屋の大学生」と「自信のある大学生」で比較してみる。

「犬をつなぐひもで虐待された」経験では、「自信のある大学生」では〇パーセントであるが、「恥ずかしがり屋の大学生」では一九パーセントである。

また「コートのハンガーなどで虐待された」経験では「自信のある大学生」ではやはり〇パーセントであるが、「恥ずかしがり屋の大学生」では一二パーセントである。

もちろん肉体的罰はそのようなものを使わないのが多いが、最後に肉体的罰を受けた年齢は「自信のある大学生」では十一・六歳であり、「恥ずかしがり屋の大学生」では十七・二歳である。

ここまで身近な人にいじめられれば、「自己主張をしろ」とか、「自己表現をしろ」というほうが無理である。「自責になるな」というほうが無理である。

ハーヴァード大学などで客員教授として講義をしているロロ・メイの言うように、自己断罪は代用価値観で、卑怯と言えば卑怯であるが、彼らにはそれ以外にどうすることもできない過去がある。

したがって最後は親からの心理的離乳がなければならない。

II 低い自己評価

「実際の自分」よりも高すぎる基準

なぜ低い自己評価になるのか。

それは高すぎる基準を自分に課してしまうからである。

では、なぜ高すぎる基準を自分に課すのか。

それは人を見下すため。だから、その高すぎる基準を下げられない。

高すぎる基準を自分に課してしまうのには三つの理由がある。

①まず小さいころ、重要な他者によって高すぎる基準を課せられた。そしてそれを内面化した。その人へまだ心理的に依存している。

親から「実際の自分」を受け入れられた体験がない。その結果、「実際の自分」では周囲の人は自分を相手にしてくれないと感じてしまっている。

②高すぎる基準を自分に課す結果、低い自己評価となる。そして低い自己評価によって失われた価値剝奪を取り戻そうと、高すぎる基準を自分に課してしまうという、悪循環に陥っている。

③もうひとつ重要なのは、自己実現をして生きてこなかった結果である。自分が「実際の自分」を実感できない。

自己実現していないから「実際の自分」というものを実感できない。自分が「実際の自分」をリアルに感じられない。

そこで「実際の自分」とは関係なく高い基準を目標にしてしまうのである。

「実際の自分」よりも自分の心のなかにある願望を外化してしまう。そしてその願望を「実際の自分」と勘違いする。「実際の自分」よりも自分の願望のほうが実感がある。

自己実現していれば、ほんとうの満足を知っている。生きることに満足感がある。

だから高すぎる基準を自分に課すことはない。

「好かれている」という確信がない

前章で恥ずかしがり屋の人は人に近づくのが難しく、また人と一緒にいて居心地が悪いということを説明した。

当然のことながらこれからわかることは、恥ずかしがり屋の人は人といて打ち解けないということ。

山のなかにひとりでいたとする。ある人が来てくれた。

自分が相手を好きで、相手も自分を好きだと思えば、過剰な接待をしない。

恥ずかしがり屋の人は相手が自分を好きだという確信どころか、逆にほんとうの自分を知ったら相手は自分を嫌いになると思っている。

自分がこの山のなかの森が気に入っていれば、この森のなかにいること自体が楽しいのだから、お水一杯出すことでよい。ヨットが好きな人がヨットに人を誘ったら、船上で過剰なごちそうはしない。それと同じである。

自分がこの森を気に入らないなら、この森を嫌いなら、来てくれたお客さんに過剰な接待をする。森にいること自体で満足しないと思うから、申し訳なくて過剰な接待をする。

「楽しませないといけない」と思うのは、自分が相手を嫌いだから。

また、この人は自分を嫌いなのではないかと思うから、おべんちゃらを言う。

小さいころに親を喜ばせなければ自分は拒否された。そこでいつも親におべんちゃらを言っていた。

人は相手が自分を好きだということに確信が持てるから、相手との関係に自信が持てる。気を遣うことがない。相手といて楽しい。

その確信があるから、怯えないで自分が言いたいことも言える。自分がほんとうに思っていることを素直に言える。

「これを言ったら嫌われる」と思えば、思っていることも言えない。

たとえば恋愛でも、その確信があるから嫉妬しない。すねることもない。妬《ねた》むこともない。

嫉妬の激しさは、その確信と反比例する。

相手が自分を好きだという確信があればあるほど嫉妬しないし、確信がなければないほど嫉妬する。

その確信があるから、相手が自分以外の異性を褒めても安心して聞いていられるのである。

そして自分にとって大切な人が、自分のことを好きだと確信できるから、ほかの人と一緒にいてもリラックスしていられる。

自分にとって大切な人が、自分を好きだから、その人以外の人に嫌われることがそれほど怖くはない。

じつはその最初の安心感を与えてくれるのが親なのである。いや親の役目なのである。

子どもはその安心感を持って外の世界に出ていく。だからなんとか外の世界でやっていける。

そして、その安心感が一緒にいる人に安心感を与える。だからその人の周りに、人が集まってくる。

逆になんとなく一緒にいて落ち着かないという人もいる。それはその人が心理的に葛藤を抱えているのである。

それが相手に感じとられる。だから、その人と一緒にいてもこちらがなんとなく落ち着かない。

利益につながらなければ、人はその人の近くに好んで行こうとはしない。

恥ずかしがり屋の人は、自分にとって大切な人が自分を認めていない。

恥ずかしがり屋の人は、その最初の安心感を持たせてもらっていない。

Ⅲ　矛盾した心理

人間関係の酷さのなかで

恥ずかしがり屋の人は従順の裏に敵意がある。

恥ずかしがり屋の人は心の葛藤に苦しんでいる。臆病と偽りの優越感。

他人より優れたい、しかし自分は他人より劣っていると感じている。

それだけ優劣に敏感だということである。それだけ優劣で評価をされて生きてきたということである。

成長の過程で人柄とか、やさしさとか、思いやりとか、そういったものは何も評価の基準としてはあがってこなかった。

そのうえで「おまえはいかに劣っているか」ということをたたき込まれたのである。

どんなに社会的に優れていても、ずるい人は評価されないという雰囲気のなかで育っていない。

優れていてもずるい人に対して、「私はあの人嫌い」と言う人が彼の周りにはいない。優れているが冷たい人よりも、劣っていてもやさしい人に恋する人がその人の周りにはいなかった。

恥ずかしがり屋の人はそうした人間環境のなかで育ってしまった。

そうなると大人になって、ずるい人でも優れていると、その人のことを尊敬してしまう。その卑怯な人が立派な人に見えてしまう。

そしてその人に劣等感を持つ。ずるくて優れている人に卑屈になる。

尊敬に値しない人を尊敬し、尊敬に値する人を尊敬しない。こうして人間関係を間違え、さらに人生を間違えて生きていく。

恥ずかしがり屋の人ばかりではないが、人生が行きづまった人は、酷《むご》い人間関係のなかにいる。

恥ずかしがり屋の人は助けを求められないというが、そもそも彼らの人間関係は困ったときに助けあうような人間関係ではない。

恥ずかしがり屋の人の人間関係は酷い。

優秀かもしれないが、人を利用することがなんでもないような人たちばかりが周囲にいる。そして恥ずかしがり屋の人は自己評価が低いから、その優秀でずるい人に利用されるだけ利用される。

飛んで火に入る夏の虫

恥ずかしがり屋の人は、それでもいままで生きてきたのである。だから自分に自信を持つことである。

「私は酷い人間関係のなかで、よくここまで生き延びられた。これはすごいことだ」と自分に言い聞かせることである。

そう思い返してみれば「酷かったなあ、つらかったなあ」ということが多いはずである。だから「よくやった」と自分を慰めることである。

見えないものが見えたとき、恥ずかしがり屋の人は体から力が抜ける。ホッとして不安な緊張がほぐれる。

恥ずかしがり屋で生きるのがつらい人は、他人も自分も見えていなかった。ただそれだけのこと。

だからそんなにつらかったのである。

恥ずかしがり屋の人は、自分についていろいろなことを知らないだけなのである。知っては困る人が周囲にはたくさんいる。

恥ずかしがり屋の人が尊敬しているような人は、まず尊敬に値しない。

それは恥ずかしがり屋の人が、自分は優れていないという劣等感を持っているからである。

だから、どうしても社会的に優れた人を尊敬してしまう。その人がどんなに卑怯でも、どんなに冷たくても、その人が社会的に優秀なら尊敬してしまう。

劣等感とはそういうものである。

いま、もしあなたが自分は恥ずかしがり屋だと思うなら、あなたがびくびくしている人にびくびくする必要などどこにもない。

あなたが、その人に認めてもらいたいと思っている人などに認めてもらう必要は、どこにもない。

その人に認めてもらわないと、何かあなたの人生で不都合なことがありますか？

その冷たい人に認めてもらおうとして、あなたは間違った努力をしてきた。

いま、もしあなたが恥ずかしがり屋で生きるのがつらいなら、いまあなたが認めてもらいたいと思っている人から離れたほうがよい。

あなたはもともとは質の悪い人ではなかった。しかし周囲の人が、人を利用する人たちばかりだから、しだいにあなた自身もだんだんと質が悪くなってきた。

人を利用する人を尊敬していれば、あなた自身もだんだんと人間としてまともではなくなっていく。

「ずるさは弱さに敏感である」という言葉があるが、弱さのほうも、みずからずるい人に近寄っていくところがある。

もともと恥ずかしがり屋の人は人に近づきがたいのに、なぜこちらからわざわざ、ずるい人に近寄っていくのか?

それは自分が頼りないからである。

その人に認めてもらっていないと何か不安なのである。だから認めてもらおうとしてわざわざ近寄っていく。

まさに「飛んで火に入る夏の虫」である。

恥ずかしがり屋の人は人に近寄るのが困難だという。そのとおりである。しかし心のなかでは人に近寄りたい。

ずるい人は表面的にやさしい人を演じているから、恥ずかしがり屋の人はこちらから惹かれていく。

恥ずかしがり屋の人は親しい人がいない。さみしい。だから心の底では人が恋しい。

恥ずかしがり屋の人は拒絶を恐れてひとりでいることを選ぶ。

しかし傷つくことを避けるためにひとりでいるのではなく、みずから進んでひとりでいることを楽しむ訓練をすることである。

恥ずかしがり屋の人は自分が自分にとって頼りない。だから心の底ではたえず人を求めている。

だから「飛んで火に入る夏の虫」にならないためには、ひとりでいる訓練が必要である。

心の奥底にあるうぬぼれ

恥ずかしがり屋の人は、一方で自分に失望し、他方で自分にうぬぼれているところがある。自己評価が安定しない。

ある男性が、自分に失望しつつ他方で自分にうぬぼれている女性から手紙をもらった。

「いつの日かあなたにお電話させていただく日が来ると思います。私はうぬぼれが傷つくことがとても怖いのです」

じつはこの女性は電話をかけて断られることが必要なのである。そこで自分の位置が見える。自己発見できる。だれが自分にふさわしいかが理解できる。

そうして自分にとって最善の人がだれであるかがわかる。

恥ずかしがり屋の人は、自分の挫折を観念的には受け入れても、ほんとうには受け入れていない。ほんとうに自分自身の体験を持てなかったことの悲劇である。

どこかで自分にうぬぼれているから、もっとできるはずだという焦りが生じるのである。

「こうでないと気がすまない」というのは甘えであるが、うぬぼれでもある。

うぬぼれているから実際に自分がしていることでは満足できない、気がすまないのである。うぬぼれているということは甘えているということである。

うぬぼれているから、昇進するときに断れない。自分はできなければならないという気持ちと、心のどこかに自分にはできるはずだといううぬぼれがある。それが焦りとなる。

恥ずかしがり屋の人は、栄光追求を通して心の葛藤を解決しようとしている。それが挫折の原因であるが、そのほかに、うぬぼれも挫折の原因である。自分に失望しながらも心のどこかに甘えがある。

うぬぼれとは、現実と接していない本人の独りよがりである。それはナルシシズムの世界である。

ある男が「オレは魅力的な男だ」とひとりで勝手にうぬぼれている。その人が魅力的だと他人が認めたわけではない。

そしてうぬぼれが現実と接触したときに劣等感が生じる。

しかし傷ついたとはいえ、うぬぼれは完全に消えたわけではない。

劣等感を持ちながらもどこかにうぬぼれが残っている。だから劣等感を持っている人は苦しむのである。

「実際の自分」を受け入れたときに、うぬぼれも劣等感も消える。

劣等感に苦しんでいる人は、心の底のそのまた底で、うぬぼれている。

だれよりも愛されたい

貧乏なのにお金持ちを演じている。

学歴がないのに学歴がある人を演じている。

「じつは、私は中学校しか出ていない」と好きな人に言う勇気があることで、ステキな人から惚れられる。

それを言うことが愛だから。

恥ずかしがり屋の人は自己評価の上下が激しい。ちょっと褒められるとすぐに得意になってしまい、ちょっとけなされるとすぐに落ち込む。

自分は人に愛されるに値しないとすねながらも、だれよりも愛されたいという願望がある。

自分なんかすばらしい人に相手にされないと思いながらも、逆に心のどこかで自分を愛さないような人間は愚かだと思っている。

だれにも愛されないという感じ方もほんとうなら、自分はだれよりもすばらしい、自分はみんなに愛されるという感じ方もほんとうである。

この「愛されるに値する」といううぬぼれは「愛されたい」という願望でもある。

いずれにしても彼らは自我の統合性に失敗している。それは過保護な親の自我の統合性の失敗の反映であろう。

親の接し方が一貫性を欠いているのである。

あるときには甘やかし、あるときには高すぎる期待をかけ、あるときには不機嫌で厳しくなり、あるときにはすべてを許す。

恥ずかしがり屋の人には心を打ち明けるような友だちがいない。この傾向は『ピーターパン・シンドローム』（祥伝社）の著者ダン・カイリー博士の言う「ピーターパン人間」にも似ている。

自分をよく見せようと無理をするから、自分の得意な仕事が見つからない。そして一生、自分に自信が持てない。

それにもかかわらず偽りの自尊心ばかりが強いので、現実の自分を受け入れることができない。

たとえば「理想が高くて」結婚できない。

つまり自分に自信がないのだけれども、心のどこかでうぬぼれている。

照れても、褒められることは心地よい。突然みんなの前で褒められると当惑してドギマギするが、褒められたい。

容姿に自信がないのに容姿を褒められるから困惑する。しかし褒められたい。

憎しみを弱い者に向ける

恥ずかしがり屋の人は、強い者には弱く、弱い者には強い。

ある精神科医の話。家に電話をかけてくる人が「私は対人恐怖症です」と言う。そして強引にその精神科医に会おうとする。

「なぜこれで対人恐怖症なのか」という気がすると、その精神科医は言う。

対人恐怖症は相手が自分の言うことを聞くと感じたときには強引になる。自分から餌をつかんだときには、放さない。

獲物を狙ったら、残虐になる。

カラスは鷲に襲われると思うと怯えるが、雀と思ったら襲う。

神経症者も恥ずかしがり屋の人も対人恐怖症の人も、根底は憎しみ。根は同じ。

地下の水が通っていてそれがどこに出るかの違いだけである。

憎しみがあるから、弱い者にはつらくあたる。そして自分の憎しみの感情を吐きだす。

恥ずかしがり屋の人は、これを直さなければ生涯苦しむ。

Ⅳ　予期不安

「こうなるのではないか」という不安

まえがきにも書いたように、恥ずかしがり屋の人は自分を責め、低い自己評価に苦しみ、矛盾した心理に悩む。

そして不安な人になる。

恥ずかしがり屋の人は、人と会う前から、「会うのはイヤだな」と思う。会ってみなければイヤだか楽しいかはわからない。しかし会う前から、「あの人とは仲間にはなれないのではないか」と思う。

だから未知の人に会う前から不安な緊張をする。会う数日前からイヤでイヤで何をしても楽しくない。

そして会っているときには緊張して居心地が悪い。

人からよく思われたいのだが、接したらよく思われないと思うから人を避ける。よく人を避けるから、心ならずも孤独になる。

恥ずかしがり屋の人は何かあったとき、「自分はこうなるのではないか」という不安が強い。

優れた臨床医であるフランクルの言う「予期不安」とか「期待不安」と言われるものである。

たとえば、自分ははじめての人に会うと赤面するのではないかと不安である。その不安の心理から赤面するにちがいないと思い込む。

こういうことがあると自分はこうなるのではないかと不安になり、その不安の心理から「自分はこうなるにちがいない」と思い込む。「思い込み」の裏には不安の心理が働いている。

人前であがってしまって用意していたことが言えなかった。そして恥をかいた。

すると「また今度、人前に出たときには、あのようなことが起こるのではないか」という不安と思い込みがある。

「また、あのようなことが起こるのではないか」という不安と恐れで、何もしていないのに疲れてしまう。

不安と恐れでエネルギーを消耗する。

頑張っても「また褒めてもらえないのではないか」などと悲観的予測をするから、無力感を持ってしまう。

寝る前から、「今夜も寝られないのではないか」という予期不安に苦しむ。

人前であがるのではないか、失敗するのではないかとたえず予期不安に悩まされる。

失敗するという「不安からの思い込み」が強いから、一回成功しても「次はダメだろう」と思う。

成功が自信につながらない。

つまり心理的に過去に囚《とら》われている。

「そのうちよくなる」という期待がない。

思い込みがコミュニケーションを阻む

要するに、いま現在に反応していない。

無になっていないということである。

相手の言うことも、無になって聞いていない。

すでに自分の言うことは決まっている。

相手は自分のことをこう思っているという思い込みがある。だから相手が何を言っても、すでに事前に思い込んでいるように受けとってしまう。

相手は自分をバカにしていると思い込んでいる。

すると相手が何を言っても「バカにして言った」と受けとってしまう。

前日の天気予報で「明日は暑い」と思い込むと、当日になって涼しくても暑いと思い、「暑いですね」と相手に言うようなものである。

言うことがあらかじめ決められているのである。

いまの外気の温度に体が反応していない。

恥ずかしがり屋の人は人と接触することを避けるから余計、人が自分にどう反応するかということについては思い込みが優先する。

「失敗すまい」とするから、余計いまに反応しない。

何か失敗すると怖いから、いつも身構えてしまう。

警戒心が強い。するとどうしてもいまに反応しないで、先入観でものごとに反応する。

すでに自分のなかにできている脳の回路を刺激が通るだけ。

恥ずかしがり屋の人は、人の話を素直にそのまま聞くということができない。自分を守ることに意識が集中しているから、人の話を聞いていない。

人と話をするときには、人の話を聞く前から、すでに自分は何を言うかが決まっている。ちょうど根回しがすんでいる会議みたいなものである。会議はセレモニーであって、そこで何かが新しく決まるわけではない。

人に会う前からもう「今日は暑いですね」と言うことを決めている。

そして人と会って話を始める。

こちらが「今日は風がありますね」と言っても「そうですね」とは返ってこない。「今日は暑いですね」と返ってくる。

会話が成り立たない。

コミュニケーションができれば先入観に支配されない。相手とコミュニケーションしているということは、相手のいまにふれているということである。

思い込みとか先入観とかいうものは、いまの相手とふれていないということである。目の前にいる相手とコミュニケーションしていないということである。

人が怖ければ人とはふれあわない。警戒心が強ければ人とはコミュニケーションできない。

自分を守ることに意識が行ってしまって、その場にいる人とふれていない。

恥ずかしがり屋の人は、「空《くう》」で生きてきた。

ただ時間に追われて生きてきた。

第3章

四つの社会的恐怖の呪縛

I　子どものころからの恐怖感

無意味な不安と緊張感

恥ずかしがり屋の人はいつも不安な緊張に悩まされている。

人から断られるかもしれないと不安になる。会社で左遷されるかもしれないと不安になる。そして左遷される前から、左遷の屈辱に怯える。

窓際にやられたらもう生きていけないと不安になる。窓際にやられても、その屈辱に耐えながら生きるために会社に行かなければいけないと思うと、想像しただけでつらくて気が遠くなりそうになる。

そのように「こんなことになったら大変だ」と思うことはだれにでもある。そう思っているが、たいていの場合にはそんなことになってもほとんど何も起こらない。

「この仕事に失敗したら大変なことになる」と思っている。まるで自分の社会的生命が終わりであるかのごとく恐れている。

そこで失敗しないようにあらゆる注意を払う。

人によっては、失敗したと思っても失敗を認めない人まで出てくる。

多くの人は、「もし失敗したら」と思うと不安で夜も眠れない。

「こんなことを言わなければならないが、こんなことを言ったら相手は傷ついてしまう」と心配する。

「生活していくためにこんなことをしなければならないが、こんなことをしたら人は自分のことをもう相手にしてくれないのではないか」と心配する。

恥ずかしがり屋の人は、そうした不安や恐怖感でつねに緊張している。毎日神経が張りつめている。

だから何をしていてもリラックスできない。休日もリラックスできない。時間的余裕があってもリラックスできない。

しかし恥ずかしがり屋の人が恐れていることが実際に起きても、多くの場合、事態は心配していたようにはならない。

小さいころは、心配しているように事態は推移したかもしれない。しかし大人になったいまの環境では、それほど恐れることはない。

しかし恥ずかしがり屋の人は、小さいころの恐怖感を引きずって生きている。

恥ずかしがり屋の人は、小さいころ周囲の人に嫌われていた。

失敗すると嫌われるのではないか

恥ずかしがり屋の人が大人になって、「それ貸して」と言って断られる。

「なんで?」と聞けない。

「断られる」ということと「嫌われる」ということの分離ができていない。

恥ずかしがり屋の研究で名高いジンバルドーは、恥ずかしがり屋の人には四つの社会的恐怖があると言う。

これらの恐怖は、この分離ができていないことによって起こる。

たとえば、失敗することの恐怖である。一度や二度失敗したからといって人に嫌われたり、バカにされるわけではないのだけれど、恥ずかしがり屋の人や、自己蔑視している人はきっとバカにされる、嫌われるにちがいないと思ってしまう。

だからこそ恥ずかしがり屋の人や自己蔑視している人は、失敗をふつうの人より恐れるのである。

バカにされれば憎しみが出る。そうすれば他人を落として心を癒そうとする。

彼らは小さいころから不安な緊張で心身ともに疲れて、虚の世界で生きている。

恥ずかしがり屋の人は、自分がいちばん必要としている人から評価されていない。

この人から「すごーい」と言われたら自信が生まれるというような人から、「すごーい」と褒められていない。

たとえば親から褒められるという体験がない。

「ここまでつらい努力をしたら褒めてもらえるのではないか」と思っていたのに褒めてもらえなかった。

逆に「この程度しかできないのか？」と怒られてしまった。傷ついた。でも親が怖くて怒りを意識できない。

そこでさらに努力をしてみた。

でも褒めてもらえない。自分ではよくできたと思ったから、親から「頭がいい」と褒めてもらえると思ったら褒めてもらえなかった。

「ダメだなあ、これはこうするもんだ」とバカにされてしまった。

恥ずかしがり屋の人は、小さいころから一生懸命努力した体験がある。それを親などに褒めてもらえなかったという落胆がある。

しかし、それを他人は別の評価をしていたということに気がついていない。

たとえば親に褒めてもらおうとして必死でマラソンをした。

「こんなにつらいのははじめてだ」と思った。

「すごーい」と褒めてもらえると思った。しかし親は褒めてくれなかった。逆に自分より速い人と比較されてしまった。

しかしそのときに「よく頑張る感心な子だなあ」と見ていた人もいるのである。

恥ずかしがり屋の人は、そのことに気がついていない。

もちろん「ああまでして走らなくたっていいのに」と思って見ていた人もいるだろう。

いずれにしても、自分の頑張る姿を人がどう見ているかがわかっていないのである。

恥ずかしがり屋の人は、認めてもらいたい人に認めてもらえないという体験を積み重ねてしまっている。

その結果として自分のイメージがひどく悪い。

自分はダメな人間だと心の底で感じてしまっている。

そこで人から褒められたいのだけれども、実際に褒められるとなんとも居心地が悪い。自己イメージが悪いから、人から褒められると違和感がある。褒められると居場所がなくなる。

内心嬉しくても照れてしまう。

そこで人が褒めてくれるのに、その褒め言葉を「そんなことはない」とか「私なんか」と遮《さえぎ》ってしまう。

「ありがとう」と言えばいいものを「私なんかダメよ」と自己卑下してしまう。

四つの社会的恐怖

では、恥ずかしがり屋の人の、四つの社会的恐怖をくわしく見ていこう。

恥ずかしがり屋の人の心理的特徴は、すでに述べたように恐怖感である。

この恐怖感ゆえに臆病になり、人に対して警戒心を持ち、不信感を持つ。

「人が怖い」ということと、「失敗を恐れる」ことはつながっている。

負けると恥ずかしがり屋の人は、根に持つ。

負けた悔しさを表現できないからである。

ジンバルドーの言う四つの社会的恐怖とは、「失敗することの恐怖」「人から低く評価されることの恐怖」「拒絶されることの恐怖」「親しくなることの恐怖」である。

おそらく、これらの恐怖感は「親しくなることの恐怖」を除けば、だれにでもあると思うだろう。

「これがなぜ恥ずかしがり屋の人の特徴なのだ？」という気がするかもしれない。

しかし、やはり恥ずかしがり屋の人が持つ失敗することの恐怖と、心理的に健康な人が持つ失敗することの恐怖とは違う。

それは恥ずかしがり屋の人が失敗を恐れるのは、不信感という土壌の上での恐怖感だからである。

周りの人が自分を認めていてくれて、自分も周りの人を信じることができる。そうしたなかで失敗するのと、周りの人が自分に批判的で、だれも信じられないという人間関係のなかで失敗するのとは意味が違う。

そして「臆病、警戒心、不信感」というものが土壌にあればこそ、これらの社会的恐怖が深刻になる。

次に恥ずかしがり屋の人には助けてくれる人がいない。これが不安や恐怖感を深刻にする。これらのことで、恥ずかしがり屋の人の、失敗するかもしれない、拒否されるかもしれないという不安は、心理的に健康な人よりはるかに深刻である。

心理的に健康な人にとっては怖くないことでも、恥ずかしがり屋の人にとっては怖い。すでに説明したように、恥ずかしがり屋の人は小さいころ、助けてくれる人がいなかった。信頼できる人がいなかった。

母性的保護を母親から期待できなかった。

恥ずかしがり屋の人は小さいころからひとりぼっちだった。だれからも積極的に関心を持たれなかった。

だから心理的に健康な人よりも、はるかにそうした社会的恐怖をもたらす事態には敏感である。

「望むときに愛着人物を得られないという可能性ほど恐怖をもたらす事態はないと思われる」(John Bowlby, "Attachment And Loss" 黒田実郎・岡田洋子・吉田恒子訳『母子関係の理論〈二〉分離不安』岩崎学術出版社、一九九一年、二二二ページ)

Ⅱ 失敗するのが怖い

自尊心が傷つけられる

だれでも失敗することの恐怖を持っていると思うかもしれない。

ただすこし違うのは、恥ずかしがり屋の人が失敗を恐れるのは、一度の失敗ですべてがダメになると思っていることである。

なぜだろうか?

それは小さいころから親に「事が起きたらそれでおしまい」と脅されていたからである。

「おしまい」ではないのに「おしまい」と脅された。

子どもを恥ずかしがり屋にする親は、ちょっとしたことでも子どもを脅す。

しかし、じつは事が起きてもどうということはない。

つまり子どもはいじめられたということである。

恥ずかしさは、家庭から始まる（Philips G. Zimbardo, "Shyness", Addison-Wesley Publishing Company, 1975 木村駿・小川和彦訳『シャイネス〈1〉内気な人々』勁草書房、一九八二年、一〇〇ページ）。

シャイな父親の子どもの四分の三はシャイであった（前掲書、一〇七ページ）。

いじめも家庭で始まる。

「殺されるかもしれないという恐怖感」は広い範囲を含んでいる（第4章参照）。

それはほんとうに「殺されるかもしれない」と恐怖することから、このように脅されて怯えることまで含まれている。

フロイトが人間性の半分を埋めたなら、私たちはその明るい半分を埋めなければならないと主張し、人間の自己実現を研究したマスロー博士は「明らかに不安定な人間は、品位をもって敗北を受け入れることができない」（Abraham H. Maslow, "Motivation & Personality", Harpers & Row, 1954, p.140）と述べている。

「品位をもって」の元の言葉は gracefully である。

人格不安定な人も失敗や敗北を受け入れることがある。

しかしそれは、たとえば「どうせ私はダメですよ」というような甘えた自暴自棄のような認め方である。

最近の研究によれば、この傾向は人格に対する脅威があるところにおいて表れる。つまり失敗が安全、自尊心、威厳などの喪失を意味するときに、失敗を認めることができないとマスローは言う（前掲書、一四〇ページ）。

つまり恥ずかしがり屋の人にとって、失敗は自分の自尊の感情を傷つける。恥ずかしがり屋の人にとって、失敗は自分の人格に対する脅威なのである。

選択にリスクはつきもの

したがって、恥ずかしがり屋の子どもは選択できない。

心理的に健康な子どもとは選択のできる子どもである。

選択することにはリスクがともなう。

何をしても失敗する可能性がある。いつも選択が間違わないなどということはない。

少なくとも選択するときには、リスクがともなうから決断が必要である。

選択するとは、間違うかもしれないけれどもこちらにするということである。

だからこそ人は選択することで心理的に成長できる。

子どもが夏のキャンプに参加する。

ヨットに乗ろうか、カヌーに乗ろうかと考える。どちらに乗って失敗しても、やったという達成感がある。その達成感が心理的成長につながる。

自分で選択することで、失敗しても結果に納得する。

選択することで、自分がわかってくる。


どちらかを選択すればトラブルはある。

だからトラブルは進歩の母なのである。

日常生活の小さな小さな選択でも同じである。

自分で選択をしていれば、納得する。

車に乗っているときに、ガソリンがなくなってきた。いつも入れているところでガソリンを入れれば八〇〇〇円、いま目の前にあるスタンドで入れれば一万円。

でも、ガソリンがなくなったら大変だからと安心感を買った。そう思えばこのガソリンスタンドの一万円が納得できる。

ところが恥ずかしがり屋の人は、そんなときに、一万円のガソリンを入れたところで「ああ、損した、損した」という嘆きになってしまう。選択を迫られたときに、優柔不断になる。小さいころから選択をした体験が乏しいからである。自分で選択すれば「これを選んだ」ということで損を納得できる。

選択するのだから、何かを基準にしている。そこで自分が見えてくる。

恥ずかしがり屋の人は納得できる性格がつくられていない。

選択は竹の節目みたいなものである。

何かを選択し、それを試みる。それで子どもは成長する。谷があったら飛び越えてみる。失敗しても、その飛び越えようとした気持ちを喜んでやる親が子どもの心理的成長を促す。

心理的に病んでいる親は、社会的成功が子どもの成長だと思っている。

子どもの心理的成長に害になる親とは、谷を越えようとして失敗したときに子どもを責める親である。

こうして子どもは失敗を恐れる大人になっていく。

そして失敗を恥ずかしいことと思う大人に成長していく。

じつはこうした現象は日本に多いという。

ジンバルドーは、失敗したときに日本の子どもほど責められる子どもは世界にいないと言っている。

子どもの試みようとする気持ちを喜ばないで、社会的成功だけを期待する親は、子どもの世界をどんどん小さくしていく。

そうした親は子どもの社会的成功で自分の心の傷を癒そうとしているのである。

「挑戦」するにもタイミングが大事

大人になっていきなり「挑戦が大切である」と言われても、それは無理である。

小さいころから挑戦をしてこなかったのだから。

そうした体験がないのだから。

しかし恥ずかしがり屋の人は、ここで「挑戦しなければ」と思ってしまう。無理をして挑戦しようとする。

そして挑戦できない自分をダメな自分と思ってしまう。

恥ずかしがり屋の人やうつ病になるような人は、周囲の人が無理なことを言っても「それは無理だ」とは思わない。

そして、その無理なことをしなければならないと思う。だからいつも不安な緊張をしているのである。

大人になって「やってみようか」という気持ちになるのは、小さいころからいろいろと挑戦してきた人たちである。

何事も「いきなり」というのは無理なのである。

悩んでいる人はたいてい何事も「いきなり」を自分に期待している。それは小さいころから周囲の人に「いきなり」を期待されたからである。

悩みの解決も、何かをできるようになることも、人間関係がうまくいくことも、悩んでいる人は「いきなり」を期待している。

いきなり立派になる人間などいない。

そして無理なことをしようとするから努力が実らない。恥ずかしがり屋の人やうつ病になるような人は、無駄な努力をして消耗するだけで、いつになっても自信がつかない。

ライフサイクルを重視し、青年期の課題をアイデンティティの確立に求めたエリクソンは、アイデンティティの確立のためには、思春期には自我喪失の恐怖に直面することが大切であると言っている。そのとおりである（Kathleen Stassen Berger, "The Developing Person Through the Life Span", Worth Publishers, Inc., 1988, p.436）。

まさにエリクソンが言うように、青年は自分の価値が脅かされる事態に直面していかなければならない。そうする勇気を持たなければならない。

リスク・テイクを避けるとエリクソンの言うごとく、深い孤立感と、その結果として自分の可能性を捨ててしまい、また絶望感を持つ（ibid., p.436）。

マスローも「成長と安全」を対比している。子どもは安全を選ぶと心理的に成長できない。

自我喪失の恐怖の一つひとつが、竹でいえば節目である。その節目節目があるから竹は上へ上へと大きく伸びている。

怖いときには挑戦せよ。失敗したときに、三度までやってみろ。

ただ、思春期になっていきなり「自我喪失の恐怖に直面せよ」と言ってもそれは無理だということである。

小さいころから木に登り、縄跳びをし、竹馬に乗り、魚を獲り、失敗と成功の体験をくりかえすなかで、大人になって、失敗の可能性のあるものに挑戦できるのである。

そしてくどいようだが成功、失敗にかかわらず、その「してみよう」という気持ちを親から褒められて生きてきて、大人になって、挑戦できる人間になっている。

小さいころからの体験がなければ、いきなり「失敗の可能性があっても挑戦しろ」と言われても、ついつい自分の身を守ってしまう。

落ちる可能性のある試験を受けるときには、「やめようか」と思ってしまう。負けそうな議論を人前でするのは避けてしまう。相手にされないかもしれない会合には欠席してしまう。

幼児期から社会的成功だけを期待して子どもを育てて、その子どもが大人になってから「何事も恐れないで挑戦する人」になってほしいと願っても無理である。

ところが、心理的に病んでいる親はこれを期待する。

失敗を恐れて身を守ることばかり考えている大人は、小さいころからの毎日の生活のなかでそうなっているのである。

それはちょうど会社に勤めているときに会社人間で仕事だけの人が、定年になっていきなり「趣味の人」になれと言っても無理なのと同じである。

まさにオーストリアの精神科医ベラン・ウルフの言うごとく「悩みは昨日の出来事ではな

い」のである。いままでの毎日の生活の積み重ねとして、人は今日悩んでいるのである。
小さいころからの毎日の生活の積み重ねで「恥をかかないことばかりに気をつける大人」になっているのである。
「大人のパーソナリティーは未成熟な時期を通じての重要な人物たちとの相互作用、なかでも愛着人物たちとの相互作用の所産と見なされる」("Attachment And Loss", p.208『母子関係の理論〈二〉分離不安』二三〇ページ)
「今世紀大半において賛同を得ているパーソナリティー発達におけるモデルは、パーソナリティーを、一定の段階を経て成熟にいたるものと考えている」(前掲書、三九八ページ)
毎日酒を飲んでいれば何年かして肝臓が悪くなる。ある日、お祝いでたまたま酒を飲んで突然、肝臓が悪くなるわけではない。

失敗が恐怖に変わるとき

大人になってこうした恐怖を持つのは、小さいころに失敗を笑われたり、失敗して軽蔑されたりしたからであろう。

失敗をして「あんた、バカねえ」と冷ややかに笑われた。その冷笑に傷ついた。

何かを頼んだら「フーン」と冷ややかに拒絶された。人から鼻であしらわれた。そうした体験からこうした恐怖を持つようになったのである。

ふつうなら「あんた、バカじゃない」と言われれば、「何言ってんのよ」とケンカになる。恥ずかしがり屋の人はそういう人間環境のなかで育っていない。

そこで大人になったときには、すでに恥ずかしがり屋の人はこのケンカができなくなっている。

恥ずかしがり屋の人は、小さいころケンカになるような言い方ではなく、鼻であしらうバカにされた言い方を経験しているのであろう。

こうした感情的記憶の積み重ねのうえで、失敗が怖くなる。健全なケンカができなくなった。

馬にある音を聞かせたあとに床に電流を流す。すると電流を流さなくなっても音を聞くと、馬は蹄を上げるということを前に書いたが、失敗が音で、恐怖が電流である。

失敗しても、もう周囲の人は「あんた、バカねえ」と冷ややかに笑わない。しかし恥ずかしがり屋の人は、その音を聞くと電流を流さなくても蹄を上げる馬と同じで、心理的にすくんでしまう。

何かに取り組もうとすると、失敗することの恐怖が生じる。その昔の不快感情が自動的に生じてしまう。

つまり、すでに失敗についての感情として恐怖というデータが入力されている。

弱点を過剰に意識する

恥ずかしがり屋の人の周囲には、いじわるで不満な人が多い。

恥ずかしがり屋の人自身が、自分の周りにいじわるで不満な人を集めてしまうのである。

それはいじわるで不満な人にとって、恥ずかしがり屋の人は非難しやすいから。

恥ずかしがり屋の人は、言い返さないからいじめられる。

いじわるで不満な人が自分の神経症的自尊心を回復するために人を非難する。

それを恥ずかしがり屋の人は、真《ま》に受ける。

言うほうは不満な人。

言われるほうは、その非難を自分の弱点に結びつけて解釈する。そしてその不当な非難を受け入れてしまう。

恥ずかしがり屋の人は、自分の弱点を過剰に意識する。つまりいつも意識している。

「この茶碗、汚い」と不満な人が言う。するとと恥ずかしがり屋の人は、私が貧乏だから、と解釈する。そして、私を拒絶したと受けとる。

大人になって環境が違い、失敗してもバカにされないのにバカにされると思ってしまうのは、恥ずかしがり屋の人が相手とふれあっていないからである。つまり、人とコミュニケーションできないからである。

いま目の前にいる相手と心がふれあっていない。現実の相手を見ていない。

相手が見えないから、小さいころと同じように失敗することが恐ろしい。

相手は自分を蔑視すると先入観で思ってしまう。

相手が見えないから、相手が自分をどう思うかが気になる。

恥ずかしがり屋の人にとって、相手は魚や蛇と同じである。

どうすればどうなるかがわかっていない。つまり相手に関心がない。ただ恐れている。

蛇のなかにも人間に害になる蛇と害にならない蛇とがある。襲う蛇と襲わない蛇とがある。蛇に関心がある人は蛇のことを知っている。

恥ずかしがり屋の人は、相手がわからないから、相手は自分に危害を加えるかもしれないと恐れる。マムシが気になるのと同じことである。

木こりは木と話しあうという。料理人はゴボウに関心がある。

恥ずかしがり屋の人は、だれとも話しあっていない。

メランコリー親和型の人は良心が「しばしば拡大されて、罪ではなくて、失敗が起きてしまったときにも、良心の呵責の起こる場合がある。そんな場合、良心はしばしばひどく敏感になっていて、メランコリー親和型の人は、自分のことでいわれのない非難がなされるとだんだん自信をなくし、向けられた非難に甘んじなければならないのではないかという気持になってしまう」(Hubertus Tellenbach,"MELANCHOLIE", Springer-Verlag, 1961 木村敏訳『メランコリー』みすず書房、一九七八年、一七一～一七二ページ)。

メランコリー親和型の人は、負い目に対する敏感さ、わずかな過失が途方もない意味を持ったりする。

他人の罪までひっかぶってしまう誇大的罪業妄想もある。他人の怠惰すら自分自身の責任だと感じてしまうことがある（前掲書、一七三ページ）。

もともとそういう性質に生まれてくる人もいるだろうが、そのように親から追い込まれる人もいる。

世の中には逆に、自分の罪を他人にかぶせてしまう人がいる。自分が怠惰なことを棚に上げて他人の怠惰を責める人がいる。

この点を注意しないと、恥ずかしがり屋の人はとんでもない目にあう。

社会的成功によって心理的安定を得ようとしている人は、すでに心理的安定を得ている人よりも失敗を恐れる。ストレスも強い。

失敗すると自分の価値が下がると思っている人は、自分の価値を信じている人より失敗を恐れる。

失敗すると他人から蔑視されると思っている人は、そうでない人よりも失敗を恐れる。

他人が自分のことをどう思っているかを気にする人のほうが、そうでない人よりも失敗を恐れる。

他人に自分の重要性を印象づけようとしている人のほうが、そうでない人よりも失敗を恐れる。

「失敗」か「成功」かは簡単に決められない

強迫的に名誉や力を求める人がいる。このような人が名誉を獲得できる機会を前にしてあがる。

緊張して夜も眠れないという人は、このタイプである。強迫的に名誉を求める気持ちは、失敗することの恐れとともにある。

カレン・ホルナイの言うように、名声追求の強迫的性質は不満の反応のなかにも表現される。

それはどういうことであろうか？

思うように成功できなかったときの反応が異常だというのである。うまくいかないことに対する忍耐度がない。

うまくいかないことがあるとすぐに冷静さを失う。ちょっとした失敗ですぐに取り乱してしまう。

それはうまくいくことを異常に願っていることの裏返しである。

思うようにいかないことがあるとすぐに不機嫌になる。イライラする。人にあたる。自分が自分に不満だから、自分に怒っているのであるが、それは意識されない。他人の言動が自分をイライラさせていると思っている。

こういう人は、およそユーモアのある人と違う。ユーモアのある人というのは逆境に際しても笑いを忘れない。

現実とふれていないから、人とふれあっていないから、自分の失敗を誇張して考える。また逆に、すごい社会的成功を願う。

たえず他人に好印象を与えないと、人に見下されるのではないかと恐れる人は、好かれる人のポイントを絞っていない。だれにでも好かれたい。対象無差別である。

だから恥ずかしがり屋の人は、まず自分は「だれに好かれたいのか」を考えて、「この人に好かれたい」と好かれたい人を絞る。

だれにでも好かれようとすると疲れる。

対象無差別に相手の顔色をいつもうかがっていたら、消耗して死ぬ。

もうひとつ、自分の実力以上のポストを狙わない。狙うとだれかの力に依存しなければならなくなる。

そこでその人の顔色をうかがうことになる。ゴマをすることが目的になる。依存していると相手の顔色が気になる。

こうして、他人に自分をよく見せようとすること以外に人生の目標がなくなる。

だから人以上に失敗を恐れる。失敗したら他人に非難されるかもしれないと恐れる。

その人らしい失敗は失敗ではない。それは短期的な時間展望のなかでは失敗に見えても、長い人生のなかでは成功であることのほうが多い。

逆にその人らしくない成功は、長い時間的展望のなかではたいてい失敗である。

霞が関のエリート官僚が自殺をする。小さいころから成功を積み重ねてきたのが、大きな失敗の原因である。

もっと早いうちにどこかで失敗していれば、「はたしてこの道は自分が歩くのに適した道なのだろうか」と反省できたのではないだろうか。

つまり簡単に失敗とか成功とか言うが、問題は「何が失敗か？」「何が成功か？」ということである。

ある視点から見れば失敗であるが、そのことを別の視点から見れば失敗ではない。

エネルギッシュな人はよく「失敗なんてない」と言う。

こういう人を「おかしなことを言う人」と決めつけるのもおかしいのである。

問題は自分らしく生きていることが大切であって、失敗とか成功とかは「ない」と言えば「ない」し、「ある」と言えば「ある」。


ネブラスカの修道院の修道士が晩年に書いたものである。

もう一度はじめから生きなおせるとしたら、
今度は失敗を恐れないようにしよう。
力をぬいて、頭を柔らかくして、
いままでよりもっと愚かになろう。

これは私が訳したマックギニスというアメリカのカウンセラーの本に出ていた詩の一部で

ある（Alan Loy MacGinnis, "Confidence", Augusburug Publishing House, 1978, p.57）。

この詩はすばらしいと思っているから引用しているのだが、私流に直させてもらえば「もっと愚かになろう」ではなく「もっと素直になろう」である。

つまり好きなものは好きと言い、嫌いなものは嫌いと言って生きたいということである。

つまり、もっと好きなことをして生きてみようということである。

「安全型」から「成長型」への転換を図る

もっと素直になって、だれに好かれたいかを絞ろう。

恥ずかしがり屋の人は、だれを自分の友だちにするかを選ぶ。そしてその友だちとほかの人とに差をつける。同じ扱いにしない。

だれが遊びに来ても同じワインを出すようなことはしない。友だちが来たときには特別においしいワインを出す。

私はあるときに東京都の委託調査で、恥ずかしがり屋の人とパソコンの関係を調査したことがある。

くわしい調査結果を書く紙面の余裕がないので、結果だけを次に書くことにする。

「人と話していて、会話が途切れることを恐れ」「相手が怒っているときに、なんとなく自分が悪いことをしている気持ちになり」「気まずいことがあるくらいなら、自分のほうが我慢し」「相手から非難されたときに、怒ったり憂鬱になったりし」「相手の感情を害することを恐れて、自分の意見を言えない」

これは、ジンバルドーによると典型的な恥ずかしがり屋の人である。私はこれを「同調自責型」と呼んでいる。

この典型的な恥ずかしがり屋の人と、リスク・テイカーとの相関関係を調べた。

リスク・テイカーとは具体的には次のような人である。

「人にやってもらいたいことを気軽に頼めますか」「初対面の人とでも、あなたのほうから話しかけられますか」「部活か勉強かというときに、どちらにするかすぐに決断できますか」「失敗を恐れず、新しいことを始められますか」

これらのことについて肯定する人をリスク・テイカーと呼ぶ。

そうすると、恥ずかしがり屋の人とリスク・テイカーとは強いマイナスの相関関係にあり、神経症タイプと強いプラスの相関関係がある。

「決断する」という「Risk Taking Behavior」は同調自責型とは負の関係にある。

つまり同調自責型の人はなかなか決断ができない。選択ができない。したがって自分を明確にすることができない。

ここで神経症タイプと言っているのは、高すぎる目標を立て、成功したときにだれかを見返したような気分になり、人を助けたときに心の底で感謝を要求するタイプである。

人は大人になると「不安な安全型」と「自信のある成長型」になる。

安全を求めたほうが結果として不安になり、リスク・テイクをしたほうが自信を持つようになる。

恥ずかしがり屋の人は、マスローの言う安全と成長との選択に際して「成長を選択すること」が難しい。

理想的には安全の欲求が十分満たされてから成長に向かうことである。それがもっとも成長しやすい。

しかし親が人間である以上、子ども時代に十分に安全の欲求を満たされた人はほとんどいない。

したがってどこかで自分の意志で安全の欲求を抑えて、あるいは自分のなかでなんとか安全の欲求を処理して、エネルギーを成長に向けることである。

安全の欲求がある程度満たされたら、どこかで安全型の人から成長型の人にギアを入れなおす意識的な努力をしなければならない。

もし人間の尊厳というものがあれば、それはこの努力ができることである。

Ⅲ　他人から否定的に評価されるのが怖い

その場を取り繕うだけ

他人から否定的に評価されることなど、だれでも怖いと言うかもしれない。

しかしこの恐怖感も、失敗することの恐れと同じように不信感という土壌のなかで考える必要がある。

自分を受け入れてくれる人がいる。自分を守ってくれる人がいる。自分を助けてくれる人がいる。

そして自分は人を信じている。「実際の自分」が受け入れられていると感じている。

そういう人が、他人から否定的に評価されることを恐れるのと、恥ずかしがり屋の人が他人から否定的に評価されることを恐れるのとは深刻度が違う。

もっとわかりやすく言えば、孤独な人と、親しい人がいる人とでは、他人から否定的に評価されることの恐怖感は違う。そのことはだれでも理解できるだろう。

恥ずかしがり屋の人と心理的に健康な人とが持つ恐怖感には、この違いがある。

恥ずかしがり屋の人は、否定的に評価されると傷ついてしまう。面と向かって否定的に評価されても傷つくし、陰で否定的に評価されているということを知っても傷つく。

なぜ否定的に評価されることを恐れるのか？　なぜ傷つくのか？

それは第一に、自分で自分を否定的に評価しているから。また「他人から高く評価されなければいけない」と思い込んでいるから。

第二に、他人の評価で自分の価値を感じようとしているから。他人の評価で自分を守ろうとしているから。

第三には、劣等感が強くて人からチヤホヤされることが嬉しいから。人から褒められることに心理的安定を求めているから。自我肥大症である。

恥ずかしがり屋の人は、心の核がなくて体面だけになっている。いつも体裁を取り繕うことで、その場を乗り切ろうとする。

そこで否定的に評価されると心理的にパニックになってしまう。

他人の評価に頼らなくてもいい

低く評価されるといっても、だれからどこで低く評価されるかということである。

ある会社で低く評価されたからといって、別の職種の会社で低く評価されるとは限らない。

逆に高く評価されたからといって、その人がすべてにわたって優れているということではない。別の職種に就けば低く評価されるかもしれない。

親しい人がいる人は、他人はいつも自分を批判的に見ているとは思っていない。

事実、人はいろいろな見方をしている。

だから低く評価される仲間からは離れたほうがよい。たいていはその人はその仲間を嫌いである。仲間のほうもその人が嫌いである。

ある会社のある課で低く評価されたからといって屈辱感を味わうのはおかしい。まさにそれが悲観主義ということであろう。

あるところで低く評価されたという事実の解釈が包括的なのである。ある人の低い評価を拡大解釈する。

お人好しの人はたいてい拡大解釈である。

その課の仕事に不向きだということは、別の課の仕事に不向きということではない。

「泳ぎができない」ということと「歌を歌えない」ということとは別のことである。

恥ずかしがり屋の人が否定的に解釈されることを恐れるのは、自分が拡大解釈をする傾向があるからである。

恥ずかしがり屋の人が真に恐れなければならないことは、自分の解釈の仕方である。

自分の解釈の仕方を悲観主義から楽観主義に変えれば、否定的に評価されることはそれほど恐ろしくはなくなる。


劣等感を持つ者は、周囲の人に気に入られることによって自分のアイデンティティを確立しようとする。

しかし、自分のアイデンティティは自己実現に喜びを見いだすことで確立できる。

恥ずかしがり屋の人は、他人が嫌いなくせに、他人の評価に頼って生きている。

相手に低く評価されることを恐れれば恐れるほど、相手に自分の生活を支配されてしまう。

相手に自分の重要性を印象づけようとすればするほど、相手に自分の生活を支配されてしまう。

また、わけもなく他人から高く評価されなければいけないと思い込んでしまう。

他人から高く評価されなくても不都合なことは何もない。

Ⅳ　断られるのが怖い

拒否されるくらいならひとりのほうがいい

人から断られることが怖くて、好きな人を食事にも誘えない。

断られるかもしれないから誘うのが怖い。しかし、これは人と親しくなっていく過程で、どうしても起きることである。

恥ずかしがり屋の人は小さいころから、何もしないことでものごとを解決してきた。離れていることで安全を選んできた。

拒否されるより、ひとりでいることを選んできた。

こうしたことはエリクソンの言うように子どもを孤独に追いやる。

ハーヴァード大学の社会学教授クリストファー・ジェンクスによる、インディアナ高校の調査がある。

それは、高校時代にデートをした高校生とデートを経験しない高校生の十年後の調査である。

デートをしていた高校生のほうが財政的にも、職歴でも、全般的な社会的適応の点でもはるかに勝っていたという。

つまり高校時代にデートをしていない二十八歳の男性は成功していないばかりか、幸福でもなく、適応もしていないという。

デートをしようとすれば断られるかもしれない。その危険を乗り越える若者と乗り越えないで安全を選ぶ若者との違いである（Brian Gilmartin, "The Shy-Man Syndrome", Madison Books, p.9）。

人から拒否されることも怖いが、会社から拒否されることも怖い。

人が会社のなかで出世したがるのは、会社から拒否されることが怖いからである。エリートコースに乗れば、フロムの言う「孤立と追放」の恐怖はない。

人が権力を持ちたがるのは、世の中から拒否されることが怖いからである。権力を持てば、「孤立と追放」の恐怖はない。

不安な人ほど権力を求める。不安な人ほど名声を求める。

それは不安な人ほど拒否されることを恐れるからである。「孤立と追放」を恐れているからである。

そして拒否されることを恐れて仮面をつけている者は、当然、他人と一緒にいても居心地が悪い。いつ仮面が剝がされるかわからないからである。

恥ずかしがり屋の人は拒否されると深く傷つく。

もちろんだれでも拒否されれば多少は傷つく。しかし恥ずかしがり屋の人と心理的に健康な人とでは、傷の深さが違う。

恥ずかしがり屋の人はもともと人とうまくコミュニケーションができていない。心の底はいつもさみしい。

またすべての恐怖について言えることであるが、恥ずかしがり屋の人は、不信感という土壌のなかで生きている。

不信感という土壌のなかで拒否されるから、立ちなおれないほど傷ついてしまう。

恥ずかしがり屋の人はもともと傷ついているのだから、ある人から拒否されると、それは心の傷に塩を塗るようなものなのである。

何かの機会に自分だけ排除されたと知ると、生きていることそのことが不安になってくる。生きている土台が揺らいでしまう。

もうそれだけで死にたくなる。

たとえば自分が何かの仲間から外される。すると深刻に傷つき、無気力になる。招いてもらえると思っていたパーティに招いてもらえなかった。自分の知っているほかの人は招かれた。

そうなると、その傷からなかなか立ちなおれない。

夜、床についてもなかなか寝つけない。睡眠薬を飲んでもなかなか眠れない。明日が来るのが怖い。

そこであらかじめそのように傷つかないために、防衛的になる。つまり最初から人とあまり接しないようにする。

あるいは「私はパーティが嫌いなの」とあらかじめ言っておく。

人と接しなければ拒否されることもないし、傷つかない。

とにかく小さな世界を築く。その周囲に高い壁をつくり、閉じこもる。これ以上傷つかないためである。

他人からの拒否がそこまで怖いのは、じつは自分で現実の自分を拒否しているからである。

もし自分に自信があれば、他人から拒否されてもそこまで深刻な打撃を受けない。

心理的に健康な人もたしかに社会的恐怖を持っている。いかに心理的に健康な人といえども、人から拒絶されることはイヤである。

だれでも人から低く評価されることは不愉快である。

しかし、心理的に健康な人にはこの世の中に居場所がある。

それに対して恥ずかしがり屋の人には、この世の中に居場所がない。

居場所のある人が人から拒否されることを恐れるのと、居場所のない人が人から拒否されることを恐れるのとは違う。

心理的に健康な人は、人から拒否されても生きていける。しかし恥ずかしがり屋の人は、人から拒否されたら生きていけない。

その違いである。

親しい人がいれば、ある人から拒絶されても立ちなおれる。親しい人が生きるエネルギーを与えてくれる。

しかし親しい人がいなければ、どのような人からの拒絶でもきつい。

人はふれあうことでエネルギーが湧く。しかし恥ずかしがり屋の人は人とふれあっていない。だから拒絶はきついのである。

拒否されることが幸せへの第一歩

そして恥ずかしがり屋の人は自信がないから、拒否されたことが「かえってよかった」ということもあることに気がつかない。

あるパーティに呼ばれなかった。仲間から外された。そのことがその人を救っているということがある。

何度も言うように、人間が幸せに生きるために何が必要かと言えば、望ましい人間関係である。

不幸になる人はみな、人間関係が悪い。仲間が悪い。

パーティに呼ばれなかったということが、その仲間と縁が切れるきっかけになることで、その人を救っているというときがある。

その仲間のなかにいれば生涯幸せにはなれない。そんな仲間が恥ずかしがり屋の人にはたくさんいる。

そういう仲間は表面上は仲良しでも、心の底ではお互いに嫌いあっている。

しかし、その仲間のなかにいるときには、お互いに嫌いであるということが意識されない。

その仲間から離れて時間が経ってはじめて、「ああ、私はあの人たちが嫌いだったんだ」とわかる。

そうわかってみると、「なんで、あの人たちと一緒にいるときに、『嫌い』と気がつかなかったんだろう」と不思議に思える。しかし一緒にいるときには「嫌い」と意識できない。

それはさみしいからである。

とにかく、仲間外れにされたことが幸せへの第一歩ということがいくらでもある。

会社だって同じである。リストラの不安に怯える気持ちはだれにでもある。

「もしリストラされたらどうしよう？」と不安になる。だれでも「食べていけないのではないか」と不安になる。

しかしリストラされるということは、その会社はその人を必要としていないということである。会社とその人は適合していない。

当面は生活に影響するし、屈辱感もあるし、リストラはその人にとっては大問題である。

しかしリストラされなければ、もっと適した職場に行く機会を失するということだってある。

そしてリストラをされて会社を去ってから、「ああ、あの会社に行っているときには、一度だってほんとうに楽しいことはなかった」と気がつくこともある。

嫌いなのに離れられない仲間集団、自分の適性を殺す会社――そうしたところから拒否されるということは、神の贈り物である。

もしリストラされてから、残念だという気がすれば、その会社にいたときに懸命に働いていなかったということかもしれない。

そうなればそれは「もっと真面目に働かなければ」という反省の機会でもある。

離婚をして「ああ、幸せになれた」と思う人と「しまった」と思う人がいる。

「しまった」と思う人は、結婚しているときに誠実に頑張っていない。うぬぼれて手抜きをしている。相手を騙していた。

「ああ、幸せになれた」と思う人は、婚姻中に一生懸命頑張った。それは搾取《さくしゅ》されていたのである。騙されていたのである。

離婚してはじめて自分がどのくらい騙されていたかに気がつく。

仲間から外されることはさみしい。

しかしそれが幸せにいたる過程だということであれば、仲間からの拒否はありがたいことである。

仲間からの拒否に怒るときは、仲間から何かを取ろうとしているときである。

落ち込むときは孤独なときである。

恨んで復讐に走るときには、自己蔑視しているときである。その屈辱感が耐えられないのである。

生産的に生きていれば、その屈辱感は消えていく。

恥ずかしがり屋の人が拒否されることを恐れているのは自然なことであるが、拒否されることがすべて悪いわけではない。

何よりも「心の底では嫌いな人たちの集団」から離れることができたときには、感謝こそすれ、嘆くことではない。

当初はその人たちと別れてなんとなく頼りない気持ちであるが、日に日に確かなものを自分のなかに感じるようになる。

だいたいにおいて恥ずかしがり屋の人は、周囲の人を心の底では嫌いである。

だから周囲の人から拒否されることは望ましいことであっても、不幸な出来事ではない。

拒否されるという体験は屈辱的かもしれないが、それは自分の心の底を正直に見つめることと、自分を認めてくれる場所を探すきっかけにすべきことである。

正直に自分を認め素直になれば、世の中にはその人をもっと認めてくれる場所が必ずあるはずである。

拒否されることは悪いことではなく、望ましいことである。

今日いいことが、明日いいこととは限らない。

今日悪いことが、明日悪いこととは限らない。

自分自身と、自分を拒否した人や組織を素直に見つめれば、明日は拓ける。

拒否されることを恐れて自分ひとりの世界に閉じこもったり、周囲に迎合したりすることのほうが、よほど恐ろしい。

そうした態度はその人の無意識の領域に影響する。そしてその人を不幸に追いやっていく。

いまを失えばもう恋はできないかもしれない

この断られることを恐れてひとりの世界に閉じこもる男は、もし恋人ができると、その人を失うともうだれとも恋ができないと思ってしまう。

向こうから騙しに来た女を女神のように思ってしまう。

恥ずかしがり屋の男が恋でひどい目にあうのは、「向こうから来る女」と恋をするからである。

自分から好きになって、自分が誘って自分の恋人にしない。

恥ずかしがり屋の男は、自分のほうから女に近づかない。だからいい女にめぐりあえない。

好きな女がいても、先に述べたように自分から誘えない。

向こうから来る女は獲物を求めてくる場合が多い。

獲物を求めてくる女は、真面目で、働き者で、純粋で、自分の言いなりになって、自分が嘘をついても信じてくれる男を捜している。

そして恥ずかしがり屋の人には、これにうってつけの真面目な人が多い。

恥ずかしがり屋の男は、女が演技をすればたちまち信じてしまう。さみしいからである。ずるい女にとって、恥ずかしがり屋の男とは、どうにでもなる都合のいい男である。ずるい女にとってこんなにありがたい男はいない。

自分の世界に閉じこもれば閉じこもるほど自信を失い、そしていまいる小さな世界がものすごく大切になる。取るに足らないことがすごく大切になってしまう。

つまり人間関係でいえば、いまつきあっている「友人」がものすごく大切になる。もう自分には友だちができないと錯覚するからである。

だから人生そのものがつまらなくなる。

好きな女性を誘いたい。その人はこっちを向いている、と思いながらぐずぐずしている。それが恥ずかしがり屋の男である。

そして断られると自分の弱点と結びつけて解釈する。自分は汗っかきだから、背が低いから、おしゃべりだから——。

誘うときにも自分を守るために防衛的な誘いをする。

「踊る気がないいんならいいけどさ」

V 親しくなるのが怖い

悪いほうを信じ込むクセ

恥ずかしがり屋の人は、人と親しくなることが怖い。それは自分のことを知られるのが怖いということだけではない。心の壁を壊されるのが怖いからである。

心に壁をつくった場合、これを壊されるのは怖い。

自然な人間関係というものがあるとすれば、恥ずかしがり屋の人の人間関係は、人工的人間関係である。

恥ずかしがり屋の人は、親しい会話を避ける。

恥ずかしがり屋の人は、ありのままの自分では嫌われると思っている。

それは恥ずかしがり屋の人自身が、ありのままの自分を屈辱的に解釈しているからである。

自分の声が嫌われると解釈する。

自分の弱点を隠すのではなく、「自分が弱点と思っている」ことを隠す。

たいてい相手はそれを弱点とは思っていない。それがすばらしいと思っていることもある。

「この靴、汚い」と母親が言う。

「この靴、キレイ」と他人が言う。

するると母親の言うことを信じる。

恥ずかしがり屋の人は、悪いことを言う人のほうを信じる。

心に傷があるから親しくなれない。

賛美されても心の傷は癒されない。

恥ずかしがり屋の人は、相手の言葉の反応が怖い。

言葉しか聞いていない。

蔑《さげす》んだ目で、「キレイね」と言われても、喜ぶ。

バカなことしているなと相手が思っていても、「すばらしい」という言葉に嬉しくなる。

だから夢も誇りもない。無難に生きようとする。


恥ずかしがり屋の人は劣等感があり、自分が嫌いなのである。恥ずかしがり屋の人には未解決の問題があるとはこのようなことである。

自分はバラなのにバラが嫌いである。

そして自分はチューリップでなければいけないと思っている。

チューリップはバラよりもいいと思っている。

そして周囲の人はチューリップだと錯覚している。バラである自分は、チューリップのように立派でなければいけないと思っている。


子どもがある物を欲しがる。

それがいちばん欲しい。そんなときに違った物を渡しても、「これじゃない」と言って聞かない。

欲しいものが欲しい。それを解決して先に進める。

恥ずかしがり屋の人は自分を好きにならなければ、先に進めない。

幼児性を満たして美しく老いる

人は人間関係においていろいろな側面を持つ。社会的役割を遂行する側面ばかりではない。

定年になると、親しくなる能力がもっとも重要になる。

高齢化社会の最大の問題は人と親しくなる能力。

美しく老いられるかどうかは、幼児性を満たされているかどうかに拠《よ》るところが大きい。

また、人と親しくなる能力を持っているかどうかということによる。

日本社会で定年が問題になる所以《ゆえん》は、だれもが親しくなる能力を持っているわけではないからである。

美しい花が咲くためには水をたっぷりとあげなければいけないように、美しく老いるためには幼児性を満たさなければいけない。

大切なのは自分がいまどこにいるかを知ることである。つまり、自分は幼児性がどのくらい満たされているかというのを知ることである。

幼児性を満たされていない人は、心理的にはその日暮らしをしている。その場その場で周囲の人から賞賛されたい。

こういう人は、他人が自分のなかに侵入してくるのが怖い。そこで高い塀《へい》をつくる。高くすればするほど孤独になる。

恥ずかしがり屋の人は、自分の家のなかがボロだと思っている。

彼らはボロ家が恥ずかしいことだと思っている。だから家のなかを見られたくない。家のなかを隠そうとする。

彼らは家のなかがボロだと、家のなかを人に見られたら軽蔑されると勝手に思っている。だから見られることを恐れている。そこでいつ見られるかと不安な緊張をする。

しかし、ボロ家でも床が磨かれているということが大切なのである。

ボロ家でなくても床が汚れている家よりも、床が磨かれているボロ家のほうがよい。そのことがわからない。

ボロとだらしがないとは違う。

金持ちでだらしがない人もいれば、貧乏でも床を磨いている人もいる。

恥ずかしがり屋の人は自分はボロ家に生まれたのだということを自覚すれば、すこしは自信がつくのではないだろうか。

ボロ家に生まれたのは自分の責任ではない。それは自分の運命である。

ボロ家で床を磨いている自分は立派なのである。

彼らは夢がないからボロ家を劣等な部分と思うのである。


ある恥ずかしがり屋の奥さん。社宅にいる。

ある役人が朝、家の前を通る。その前に打ち水をしている。そこまで役人には気を遣っているのに、社宅の人とはつきあわない。それは親しくなると社宅の人にほんとうの自分がわかってしまうからである。そうすると嫌われると感じている。

恥ずかしがり屋の人は、人と親しくなると「ほんとうの自分」がわかってしまうから、人と親しくなることが怖いとジンバルドーは言う。そのときに親しさ（intimacy）という言葉をジンバルドーは使っているが、厳密に言うとこれはすこしおかしい。これは「近くなる」

ということ。

親しくなれば心がふれあうから、「ほんとうの自分」がわかってしまうもなにもなくなる。

それでよくなる。

恥ずかしがり屋の人にとって「人と近くなること」は無理をすること、見栄を張ってしまうこと。

人と近くなれば、その人に対していつも見栄を張っていなければならない。それはつらいことである。

はったりを言う人は相手と親しくはない。親しくなれれば、はったりを言わない。

これらの人は、嫌われたくない、が基本。

しかし嫌われる人がいるから、親しくなる人がいる。このことが彼らにはわからない。

だれからも嫌われないとすれば、親しくなる人がいないということである。

彼らはいままで役割を認められたことはあるけれど、人格を認められたことがない。

だからうつ病になるような人は、役割があると心理的に落ち着く。

問題は「人生に立ち向かう態度」

先に恥ずかしがり屋の人は、ボロ家が恥ずかしいことだと思っていると書いた。ボロ家よりボロ家でないほうがよい。恥ずかしがり屋の人より心理的に健康な人のほうがよい。それは決まっている。

恥ずかしがり屋の人自身が、それを痛いほどわかっている。それは恥ずかしがり屋の人のほうが、生きるのが毎日苦しいからである。

しかし、そのことと人間の偉大さとか人生の価値とはまったく別のことである。恥ずかしがり屋の人のほうが、心理的に健康な人よりも偉大だということはいくらでもある。恥ずかしがり屋の人の人生のほうが、心理的に健康な人の人生よりも価値があるということはいくらでもある。

私が言いたいのは、恥ずかしがり屋の人はその自分の偉大さに気がついてほしいということなのである。

だれも好きこのんで恥ずかしがり屋になったわけではない。しかも恥ずかしがり屋の人は過酷な運命に立ち向かって今日まで生きてきた。その態度の価値を意識してほしいのである。

それはフランクルの言う「態度価値」である。どのような態度で人生に立ち向かうかである。

フランクルはこの態度価値について、「最高の価値を実現する可能性、最深の意味を成就する機会」（宮本忠雄・小田晋訳『フランクル著作集6「精神医学的人間像」』みすず書房、一九六一年、五八ページ）と述べている。

失敗を恐れ、拒絶を恐れ、低く評価されることを恐れ、人と近くなることを恐れて苦しんでいる恥ずかしがり屋の人は、「運命に正しい態度で向かうことが必要」（前掲書、五八ページ）なのである。

そうすれば必ず自分の人生の意味に気がつく。

第4章

信じることの大切さ

この章では、人が恥ずかしがり屋になる原因について、次の順序で考えてみたい。

「Ⅰ」　エディプス・コンプレックス
「Ⅱ」　人間は順を追って成長する
「Ⅲ」　自意識過剰

I　エディプス・コンプレックス

安心感が育たないと人を信じられない

恥ずかしがり屋の人は、小さいころ母親の側にいて「安心した、くつろいだ」という体験がない。

子どもは母親が側にいるところでは安心してすぐに寝てしまう。恥ずかしがり屋の人は、そういう安らぎの体験がない。

無防備になったことがない。

無防備は心理的な成長に大切。

小さいころは無防備になれないとコミュニケーションできない。

人はノーマルなコミュニケーションができていれば、不幸にはならない。

やさしい母親が側にいてくれれば、子どもは部屋が明るくても、粗末なソファでもすぐに寝てしまう。

いや、疲れていれば床の上でも寝てしまう。

不安なら豪華なベッドでも人は寝られないが、安心していれば冷たい床の上でも寝てしまう。

恥ずかしがり屋の人は、そういうくつろいだ雰囲気を小さいころに体験していない。

生きている証《あかし》はコミュニケーション。

恥ずかしがり屋の人には、小さいころにコミュニケーション能力が育っていない。

最初は安心感。

それは「人を信じること」。

次にコミュニケーション。

執着性格者や恥ずかしがり屋の人などうつ病になるような人は、幼児期に人と接することの怖さを体験している。

恥ずかしがり屋の人は、安心できない幼児期から安心できない少年少女期に入っていく。

ギルマーティンの調査を見ると、子どもが恥ずかしがり屋になればなるほど、母親は社会を避ける母になっている。

社会を避ける母が同時に子どもを避けることもあるだろう。あるいは子どもに過剰にかかわることで、その不満を解消しようとすることもあるだろう。

いずれにしても子どもには耐えがたい母親である。

逆に妊娠中の母親がリラックスし、楽しいことをする性格だと、男らしい、または女らしい子どもが生まれる。

「母親が妊娠中いつも家のなかにいた」については、「恥ずかしがり屋の大学生」で五二パーセント、「恥ずかしがり屋の大人」で六七パーセント。「自信のある大学生」では一一パーセントである。

「妊娠中も母親が働いていた」については、「恥ずかしがり屋の大学生」で〇パーセント、「恥ずかしがり屋の大人」で〇パーセント。「自信のある大学生」では一〇パーセントである。

「働いていないけれど社会的には活動していた」については、「恥ずかしがり屋の大学生」で四八パーセント、「恥ずかしがり屋の大人」で三三パーセント。「自信のある大学生」では七九パーセントである。

「成長期に母親が働いていた」については、「恥ずかしがり屋の大学生」で六七パーセント、「恥ずかしがり屋の大人」で七七パーセント。「自信のある大学生」では一九パーセントである。

おそらく、これらのことは恥ずかしがり屋の人ばかりではなく、執着性格者などうつ病になるような人にも当てはまるのではないだろうか。

「人が怖い」とはどういうことか

「人が怖い」というときに二つの種類がある。

ひとつは嫌われるのが怖いとか、自分の心を読まれるのが怖いとかいうものである。

もうひとつは心理的な恐怖と肉体的な恐怖が混在したような恐怖である。

後者の場合には、恐怖症の人でないとなかなか理解しにくいところがある。

蛇が怖いとか、ライオンが怖いとかいうのはだれでもわかる。しかしそれと違って、後者の意味で「人が怖い」ということはふつうの人には理解しがたい。

人はべつにライオンのように咬《か》みつくわけではない。

女性恐怖症の男性は肉体的な力では女性より強い。しかし女性が怖い。

もちろん「怖い」というときには心理的なことを言っているのであるが、それでも恐怖症でない人にはなかなか「人が怖いという感情」は理解しにくい。

しかし「あの人から殺されそうなので、あの人が怖い」と言えば、だれでも理解できる。フロイトのエディプス・コンプレックスはほぼこれと同じと考えてよいのではないか。

エディプス・コンプレックスとは母親をめぐる父親との葛藤である。

このコンプレックスを解決することに失敗することが神経症だと、フロイトは主張する（内沼幸雄『対人恐怖の人間学』弘文堂、一九七七年、一七〇ページ）。

エディプス・コンプレックスにともなう父親への罪悪感を処理することなどに失敗する。娘が持つのはエレクトラ・コンプレックス（前掲書、一七〇ページ）。

罪悪感というと柔らかく聞こえるが、これはそれぞれの父親によって程度が違う。もっともシビアになれば「父親に殺されるかもしれない」という恐怖感である。

ふつうの人はこのエディプス・コンプレックスを解消して成長していくのだから、べつにそれほどの大事《おおごと》ではない。

もし、エディプス・コンプレックスの解消の失敗が神経症というフロイトの主張どおりだとすれば、多くの人は神経症にならないのであるから、ふつうはエディプス・コンプレックスの解消に成功している。

しかし、なかには対人恐怖症になる人もいる。これらの人はこうした葛藤が大人になってもまだ解決されていない。

それは、ふつうの人よりもエディプス・コンプレックスを解決することが困難だということである。それだけこの葛藤が深刻だということである。

それはエディプス・コンプレックスにともなう罪悪感が深刻だということである。

こうした葛藤を解決することに失敗するような人は、罪悪感が「殺されるかもしれない」という恐怖感なのである。

そしてもちろん、この恐怖は抑圧される。その人の意識から追放される。無意識の領域に追いやられる。

本人は自分が「父親から殺される」という恐怖感を持っているとは意識していない。しかしそれは、その人の無意識の領域に存在している。

この「殺されるかもしれない」という恐怖感の置き換えが起きていると考えれば、「人が怖い」ということは理解できる。

父親への恐怖感が一般的な他者に置き換えられている。そう考えれば、対人恐怖症や恥ずかしがり屋の人の「人に近づくのが怖い」などの心理は理解できる。

「殺されるかもしれないという恐怖感」を持っているとすれば、他人に対して「臆病、警戒心、不信感」を持つことになるであろう。

「エディプス・コンプレックス」が招く対人恐怖

「殺されるかもしれないという恐怖感」は、エディプス・コンプレックスの解決に成功した人、つまりふつうの人には理解しにくいことであろう。

しかし、父親といってもふつうの父親ばかりではない。

寛大な父親もいれば、世間一般のごくふつうの父親もいれば、権威主義的な父親もいる。さらに神経症的傾向の強い父親もいる。

その権威主義的な父親にもマイルドからシビアまでいろいろある。

神経症的傾向の強い父親もまた、いろいろである。重症の神経症者もいれば、軽症の神経症者もいる。

父親が強度の神経症者になれば、子どもがエディプス・コンプレックスで「殺されるかもしれないという恐怖感」を持つのはべつに不思議なことではない。

そして、その恐怖感が置き換えられて「人と会うのが怖い」と思うのもべつに不思議なことではない。

父親の神経症の程度に応じて、子どもの「臆病、警戒心、不信感」の程度が違うだけである。

だから恥ずかしがり屋の人が、「人に近づくのが怖い」というのにも程度がある。

それほど「臆病、警戒心、不信感」がなくて、人と話すことができる人から、ものすごく臆病で人に近づけない人までいる。

世の中には人と話すのが好きな人から、人を避ける人までいる。

何をしゃべっているのだろうと不思議になるくらい、楽しそうにペラペラといつまでも話している人から、話していても視線を合わせられない人までいる。

「殺されるかもしれないという恐怖感」などと言うと、だれでもどこか違和感があるだろう。

恥ずかしがり屋の人でさえそうした言葉に違和感があるだろう。

しかしそれでは、自分の「臆病、警戒心、不信感」をどう説明するのだろうか？

人に近づけない傾向をどう説明するのだろうか？

視線を合わせるのが難しいのをどう説明するのだろうか？

人といて居心地が悪いのをどう説明するのだろうか？

なぜ自己主張を避けるのであろうか？

なぜ自己表現など怖くてできないのだろうか？

書いていけばキリがないほどのいろいろな疑問にどう答えるのだろうか。

もちろんこの本のなかでも、それらの傾向についてそれぞれの箇所で説明をしてきた。

しかしそのもっとも底にある基本的なことは、「殺されるかもしれないという恐怖感」ではないだろうか。底に流れているのはこの恐怖感である。

それぞれの問題を掘り下げていけば、みな恐怖感という地下水に行き着く。

「殺されるかもしれないという恐怖感」という言葉はいかにもきつい。それだけになかなか賛同してもらえないだろうが、その恐怖感にもいろいろな程度がある。

それは「自己主張できない」といってもいろいろな程度があるのに対応している。

「恥ずかしがり屋の人は自己主張できない」といっても、まったくできない人から、ある程度はできる人までいる。

恥ずかしがり屋でない人はふつうに自己主張できる。なかにはつねに自己主張できる人もいる。

それぞれの人によって、この「殺されるかもしれないという恐怖感」は違う。大人になってみれば、まったくない人から、無意識にものすごい恐怖感がある人までいる。

だから「自分の言動がどうしてこうなってしまうのか」と自分で自分に嫌気がさしている人、自分で自分をもてあましている人などは、自分の無意識にはこの恐怖感があるのではないかと一度は疑ってみることである。

そしてこの「殺されるかもしれないという恐怖感」は、原点としてはエディプス・コンプレックスであるが、この恐怖感は成長の過程で強化されてしまう危険性が高い。

いじめられる人は戦わない人

つまり、この恐怖感を持つ人は怯えているから不当な力と戦えない。だからいじめられやすい。

拙著『やさしさを「強さ」に変える心理学』（ＰＨＰ研究所）で述べたように、いじめる人は「だれをいじめるか？」で人を選ぶ。

いじめる人は戦わない人をいじめる。

事実、ギルマーティンの調査を見ると、「子どものときにいじめられたか」という質問に対して、「恥ずかしがり屋の大学生」で八一パーセント、「恥ずかしがり屋の大人」で九四パーセントと異常に高い率を示している。

「自信のある大学生」は子どものときにいじめられていない。子どものときにいじめられたのはなんと〇パーセントである。

この差はあまりにも歴然としている。

「ファイトバック（やり返す）したか？」という質問にもほぼ同じことが言える。

ファイトバックしない人は、「恥ずかしがり屋の大学生」で七七パーセント、「恥ずかしがり屋の大人」で九四パーセント、「自信のある大学生」は一八パーセントである。

幼少期から少年期へと成長する過程で「殺されるかもしれないという恐怖感」を持ち、それゆえに大人になっていく過程では、いじめる人の格好の餌食になってしまう。

そうすればいよいよ人に近づくのは困難になるだろう。

いったん親との関係がうまくいかないと、雪だるまのように恐怖感は強化されていく。

最悪の場合には、対人恐怖症になったり、うつ病になったりすることのひとつの大きな原因になるのも不思議ではない。

親の独占欲が子どもの罪悪感を生む

子どもが親を恐れるのはエディプス・コンプレックスばかりではない。

神経症的傾向の強い親はよく子どもを恨む。

それは神経症的傾向の強い人は、人に対して独占的になるからである。独占欲が強い。

たとえば独占欲が強い親は、子どもが友だちと喜んで遊ぶことは不愉快である。

とにかく親である自分以外の人と子どもが親しくなることを喜ばない。親である自分以外の人と旅行に行くのを喜ばない。

神経症的傾向の強い親は、子どもの忠誠で自分の心を癒しているのである。

神経症的傾向の強い親は、自分の子どもへの要求がきわめて激しい。その激しさについては案外、多くの著名な精神分析学者は気がついていないようである。

これは子どもがまだ小さいころだけではない。親が神経症的傾向の強い場合には、子どもが大人になってもその要求はすさまじい。

たとえば自分の息子が結婚したとする。配偶者の両親を大切にしようものなら、本気で殺したいと殺意を抱く。

その激しさはその親の神経症の程度による。

つまり私が言いたいのは、この親の独占欲を、子どもは小さいころから察知するということである。

しかし子どもは友だちと遊びたいし、学校に行く年齢になればいろいろな行事に参加する。

しだいに親とは別の世界をつくりだす。この「親とは別の世界」をつくりだしたときに、子どもは罪悪感を持つ。

その罪悪感の程度は、親の神経症の程度によって違ってくる。

親の子どもに対する独占欲が強ければ強いほど、子どもの罪悪感は激しくなる。

その親が神経症的傾向の強い場合には、「殺されるかもしれないという恐怖感」を持つ。

もちろんその恐怖感は心の底に抑圧される。意識されない。

しかし、その抑圧された「殺されるかもしれないという恐怖感」は、その子の心を支配している。

おそらくそういうことが背景にあって、恥ずかしがり屋の人は子ども時代が楽しくはないのだろう。

ギルマーティンの調査を見ると「恥ずかしがり屋の大人」は、自分の子ども時代をほんとうに子どもではなかったと感じていることが多い。

それに対して「自信のある大学生」でそんなことを感じている人はゼロである。

正確な数字をあげれば「恥ずかしがり屋の大学生」で五九パーセント、「恥ずかしがり屋の大人」で七一パーセント。「自信のある大学生」で〇パーセントである。

親に逆らう願望

プロメテウス・コンプレックスと言われているものがある。

プロメテウスはギリシア神話に出てくる。ゼウスは人間に火を与えなかった。プロメテウスはゼウスを欺《あざむ》いて火を盗んでくる。火を盗んで人間に幸せをもたらす。

人は幼児期に火遊びをする。自立していくためには火遊びをしなければならない。子どもが自立していく過程で避けがたい火遊び。父親の目を盗み、危険を冒して火遊びをする。

親の神経症的傾向が強いと、子どもはこの火遊びができない。火遊びをしようとする気持ちが心のなかで動けば、まさに心の底にある「殺されるかもしれないという恐怖感」が動く。

それはものすごい罪悪感である。とても怖くて親に逆らうことはできない。こうして火遊び願望は挫折した欲望となって、その人の心の底に存在しつづける。

エリートが四十代になってから心のなかでプロメテウスが動きだして、罪責感との板挟みで自殺する人もいるという（河合隼雄『コンプレックス』岩波新書、一九七一年、一四八ページ）。

親の意向に逆らうことが子どもにとってどのくらい恐ろしいかは、これまた親の神経症的傾向の程度によって違ってくる。

親が強度の神経症者であれば、子どもが自立への動きをすれば、ほんとうに殺されかねないトラブルに発展していく可能性だってある。

親も死ぬ覚悟で子どもの自立に反対してくる。

子どもの自立は、神経症的傾向の強い親にとっても生きるか死ぬかの大問題だからである。

神経症的傾向の強い親は子どもを占有することで生きていられるのである。それだけに子どもの些細《ささい》な言動に心理的に大きく影響される。

ときにはちょっとしたひと言で激怒する。それだけ子どもの言動が大切だということである。

神経症的傾向の強い親は人間関係でいろいろなトラブルを抱える。

もちろん、そのトラブルを解決する能力はない。

しかし現実に生きるということは、そのトラブルをなんとかしなければ生きていけない。

そこで自分の感情の捌け口が必要になる。それが子どもである。

家のなかにゴミ箱がなければ、家のなかはキレイには維持できない。

それと同じで、親は子どもという感情のゴミ箱が必要なのである。

心の殺人者としての親

たとえば父親である夫が神経症者であるとする。妻との関係がうまくいかない。妻に憎しみを持つ。

しかし父親は弱いからそれを意識できない。無意識の領域に憎しみを追いやる。そこでイライラする。

そのイライラを子どもに向けて発散することで解消する。

神経症的傾向の強い親は心理的につらい。何かを「すべき」だという「べきの暴君」に苦しむ。

すると、そのつらさを子どもにプレッシャーをかけることで解消する。

これは精神分析に関する数々の名著があるカレン・ホルナイの言う「内的強制の外化」と言われる心理現象である。つまり子どもの心を縛っていく。「べきの暴君」という用語もカレン・ホルナイの言葉である。

そうしたときには、親は確実に子どもの「心の殺人者」として現れている。

いずれにしろ神経症的傾向の強い親は、その子どもによって心理的バランスを維持できている。

その子どもがいなくなれば生きていけない。

したがって子どもの心にプロメテウスが動きだしたことを察知したときには、神経症的傾向の強い親は殺人的憎しみで子どもに立ち向かう。

親は殺したり殺されたりという激しい憎しみで心理的にパニックになっている。

つまり神経症的傾向の強い親はみずからの生命の維持に、「感情の掃き溜めとなる従順な子ども」を必要としているのである。

子どもの側からすれば「殺されるかもしれないという恐怖感」を持つのは当たり前であ

る。

しかし従順を強いられている以上、その恐怖感を意識することは許されない。無意識では親を恐れ憎んでいても、意識では親に対して「立派な親」であることを感謝していなければならない。

しかし、どんなに意識の上で親に感謝をしても、この「殺されるかもしれないという恐怖感」は無意識の領域で確実に息づいている。

ある従順な息子は配偶者の親と一緒に旅行したときに、夢のなかで自分の父親に刃物を持って追い回される夢を見ている。

その人は、親が鋭利な刃物を持って自分に襲いかかってくるのを、夢から醒めてもよく覚えている。

また別の人は父親から暗闇の部屋に追い込まれて、毒蛇を放たれた夢を見ている。恐ろしさにうなされて起きている。

つまりその旅行などは、子どもを占有することで生きてきた実の父親の意向に逆らうことだからである。

そして親に殺されそうになるときに、守ってくれる人はひとりもいないということが、この夢の解釈では大切なところである。

つまり親との関係がこのように歪《ゆが》んでいるときには、その子どもの周囲にいる人は冷たい。母親をはじめ周囲の人は、その子を神経症の父親の生け贄《いにえ》にしながら、自分たちの安全を保っているのである。

その子は、親兄弟をはじめそういう冷たい人たちのなかにいる。しかしそのことには気がついていない。

そういう家族はたいてい「家族の愛」を唱えている。みなで「家族の愛」を高らかに合唱している。

その子も意識の上では「家族仲良く」と思っている。しかし無意識では、自分がひとりであることを知っている。

意識では「家族仲良く」であるが、無意識には孤独感がある。

このように家族の生け贄になっている子が恥ずかしがり屋であり、そしてさらにうつ病などをはじめ心理的に病んでいくのである。

愛されて育った子、責められて育った子

愛されて育った人は、親が子どもを憎むとか、子どもを責めるとか、子どもを恨むとかいうことについてはなかなか理解できない。

しかし子どもが受験に失敗したときに、子どもを責める母親がいることは認めるであろう。

子どもが不合格になって、心が傷ついているときに、「なんであなたはもっと勉強しなかったのよ」と子どもを責める母親がいることは認めるだろう。

では、なぜ子どもが傷ついているのに、さらに子どもを責めるのだろうか？

ふつうは子どもが傷ついているのだから、慰め励ますのが母親として当たり前である。

責めるのは、母親が子どもの合格で自分の心の傷を癒そうとしていたからである。

その母親はおそらく小さいころ、何か屈辱的な体験をして心が傷ついているのだろう。

その心の傷を子どもの成功で癒そうとしていたのである。しかし癒せなかった。

そこで傷ついて苦しんでいる子どもの傷に塩を塗るようなことをする。

もしかするとその母親は親戚中でいちばん貧しくて、親戚の集まりではいつもイヤな体験

をしていたのかもしれない。

そんなときにたまたま子どもの出来がいい。そこでその子どもの成功で親戚を見返せると思った。親戚中の子どもが合格できないような有名校に合格することを期待した。

しかし失敗した。

だから母親は傷ついている子どもをさらに責めるのである。

世の中には子どもの失敗を許せない母親がいる。

それは子どもに自分の心の傷を癒すことを求めているのである。

抽象的な言い方をすれば、母親は子どもに愛を求めている。

人は、子どもだけが親に愛を求めると思っている。しかしこれは大きな間違いである。

母性的保護を失った子どもの観察で名高いボールビーの言う「親子の役割逆転」は、そのことを言っている。

神経症的傾向の強い親は子どもに無条件の愛を執拗《しつよう》に求める。そして子どもから愛されないと子どもを憎み、子どもを責め、子どもを恨む。

だから恨まれている子どもはたいていやさしくて出来がよい。

神経症的傾向の強い親は出来の悪い子は見捨てる。いては邪魔なのである。

出来の悪い子では、世間を見返せないからである。心の傷を癒せないからである。

世の中には親から愛されて育った子もいれば、親から愛を求められ、親の心の傷を癒せなかったがゆえに憎まれて育った子もいる。

世の中には親から可愛がられて育った子もいれば、親にもてあそばれて育った子もいる。

傷ついたとき、親に癒された子もいれば、傷ついたときに親に塩を塗られた子もいる。

それをすべて同じ親子関係と考えて、親子関係を説明しようとするから、人間の本質がわからなくなるのである。

いずれにしろ私たち人間には、エディプス・コンプレックスやプロメテウス・コンプレックスなど解決を求められているさまざまな心理的課題がある。

その課題の解決の難しさは人によってまったく違う。

それが長く苦しい命がけの作業になる人もいれば、それに失敗して自殺する人もいる。

逆にそれを意識することすらなく、いつのまにかすましてしまう人もいる。

だから人と一緒にいて居心地が悪いと言う恥ずかしがり屋の人もいれば、人といて楽しいと言う人もいる。

自意識過剰で相手をまったく見ていない恥ずかしがり屋の人もいれば、相手をよく観察している人もいる。

決して屈してはいけない

「殺されるかもしれないという恐怖感」は厚く閉ざされた氷の下で生きている。

湖に張った厚い氷の下で魚が生きているのと同じように、「殺されるかもしれないという恐怖感」は厚い氷の下で生きている。

その氷はなかなか解けない。

氷が解けて春が来るように、人間の場合にもその頑強な意識の抵抗がだんだんと弱くなって、ある日突然「殺されるかもしれないという恐怖感」が意識の上に表れることもある。

その恐怖感が意識化されて春が来る。

幸せになる。

人が怖くなくなる。自己主張ができるようになる。人に助けを求められるようになる。人とコミュニケーションができるようになる。自分の感情を表現できるようになる。

それがエディプス・コンプレックスやプロメテウス・コンプレックスが解消されたときである。

これらのコンプレックスが解消されたとき、人生の未解決な課題が解決されて、恥ずかしさの心理も消えていくのである。

先にも書いたように氷の厚さは人によって違う。北極の氷のように厚い氷もあれば、張っているか張っていないかもわからないような薄い氷もある。

でも氷が厚いことがすべて悪いわけではない。

北海道の春と沖縄の春とではどちらが美しいだろうか。どちらの春が「ああ、春が来たー」という感動を呼ぶだろうか。それは人それぞれである。

アメリカだって同じである。

東海岸のボストンの人のなかには、西海岸のロスのほうが気候がいいと言ってロスに移り住もうとする人がいる。

たしかに一般的にはロスのほうが気候がいいと言われている。

しかしボストン郊外の湖の厚い氷が解けて「ああ、春が来たー」という感動は、ロスでは決して味わえない。

どちらになるかはその人の運命である。

「親から殺されるかもしれないという恐怖感」など想像ができないような環境に生まれる人もいれば、「親から殺されるかもしれないという恐怖感」にビクビクと怯えて生きなければならない環境に生まれる人もいる。

前者の人は自分の環境に感謝をすればいいのだし、後者の人は自分の環境を乗り越えればいいのである。

それを乗り越えたときには「生きたー」という実感が生まれる。

それは何にも代えがたいものである。

それは名誉や権力や財産では決して得ることのできない感動の体験である。

ただそれには莫大なエネルギーを必要とする。

チャーチルはヒトラーとの戦いで「ネバー・ギブアップ」と言った。

それは「あきらめるな」と訳されている。

でも私はそれを「決して屈するな」と訳したい。

あなたは運命の戦いで「決して屈するな」。

Ⅱ　人間は順を追って成長する

親の不安は子どもに伝わる

ある子どもがカツラをかぶりたいとカツラをかぶった。

次に口紅をつけた。

母親が笑って見ていてくれたことで、一週間でやめた。

欲求が満たされたからやめたのである。

その子は認められて自信を持った。


子ども時代に十分に泥んこ遊びをした人は、いつまでも泥んこ遊びをしていない。

子ども時代には小さな秘密の場所を見つけて喜んでいる。

そこに汚い石ころが宝物のように隠されている。それを子どもは取りだしてみる。それが喜び。

しかし、その喜びが喜びではないときが来る。子どもは次の喜びに行く。子どもはこうして成長していく。

子どものあとをついて散歩する母親がいた。子どもは母親がついてくると信じて安心している。

その子どもは自分がイヤなことは断っても嫌われないと感じている。

ジンバルドーは「性的興味が抑圧され、結果としてシャイネスが誘発された」と説明する。

しかし性的興味が抑圧されて、性的にシャイになったというところまでなら納得できるが、なぜその人が自己主張できないのかまでは説明されていない。

「性的興味が抑圧される環境」が「殺されるかもしれないという恐怖感」を生む環境なのである。

性的興味が抑圧されたこと自体よりも、性的興味を抑圧しなければならないような環境がシャイを誘発するという説明が正しいだろう。

シャイは症状である。

シャイは「イドの満たされない根源的欲求に対するひとつの反応を表している」('It represents a reaction to the unfullfilled primal wishes of id.' Philips G. Zimbardo, "Shyness", Addison-Wesley Publishing Company, 1975 木村駿・小川和彦訳『シャイネス〈1〉内気な人々』勁草書房、一九八二年、七六ページ)という。

それはそのとおりであろうが、この状態ではふつうは欲求不満な顔をしているのではないだろうか。

シャイは「イドという根源的欲求が満たされない」ことの反応であろうが、満たされないということの直接的な反応ではなく、その「根源的欲求が満たされない」環境というのが、「殺されるかもしれないという恐怖感」を生む環境なのである。

その恐怖感が「臆病、警戒心、不信感」を生みだすから、「臆病、警戒心、不信感」は恥ずかしさの特徴と言われるのではないだろうか。

つまりそうした環境で育てば、ジンバルドーが説明しているように、人に近寄るのが困難になり、自己表現も自己主張もできず、困惑しそうな場面を避け、人に助けを求められないような人間になる。

そしてそうした反応を示せば、コミュニケーションはとれず、孤独と憂鬱に苛まれても当たり前である。

最後は、ジンバルドーが言うように、恥ずかしがり屋の人はうつ病になりやすいということになるだろう。

つまり次のようになる。

「性的興味が抑圧される」→「根源的欲求が満たされない」→「殺されるかもしれないという恐怖感」→「臆病、警戒心、不信感」→「人に近寄るのが困難」

チヤホヤされたい時期から立派な子どもとして振る舞う。子どもの自然でわがままな欲求が満たされていない。

だから恥ずかしがり屋をやめようとしても、恥ずかしがり屋でなくなるわけではない。

根源の原因を取り除かないで、単に恥ずかしがり屋の言動をやめようとしてもやめられるものではない。

無理をすれば心の病はむしろ悪化する。

見捨てられたエゴは、のちに、人生の不確かさに対処できないという恐怖を生みだす（'This abandoned ego later produces a dread of not being able to cope with the uncertainties of life.' "Shyness"『シャイネス〈1〉内気な人々』）。

母親が保護者としての役割を果たさない。

親自身が不安なとき、その不安は子どもに伝わる。

自我とは、他者との関係づけを可能にする機能（Rollo May, "Men's Search For Himself" 小野泰博訳『失われし自我を求めて』誠信書房、一九七〇年、九二ページ）。

その機能を両親が持っていないとき、子どもは自分は親から拒否された、見捨てられたと感じる。

両親の拒絶が引き起こす疑似成長

シッポを振ってくる犬に気づかない人がいる。自分を観察し自分に執着しているから。

そんな心に葛藤のある親は愛する能力を持っていない。そのことを、子どもは「自分は愛されるに値しない」と解釈した。

子どもは母親との関係が満たされて、はじめて母親から離れていける。親から乳離れできないのは、親との関係が満たされていないからである。

それにもかかわらず強引に離れるときには心の障害が現れる。

依存性が満たされてはじめて自立できる。依存性が満たされないうちに自立しようとすると心の障害が現れる。

また子どもは両親に拒否されたとき、両親にしがみつく。子どもは依存性が満たされないのに自立を強要されると、拒絶と頑固さという仕方で独立心を満足させる（前掲書、八七ページ）。

欲求が満たされないうちに欲求放棄を強いられると心は病む。

おそらく執着性格者や恥ずかしがり屋の人など疑似成長している人は、そういう無理があるから生きていることが楽しくないのだろう。

ギルマーティンの調査だと「よく笑う」については、「恥ずかしがり屋の大学生」で二三パーセント、「恥ずかしがり屋の大人」で六パーセント。「自信のある大学生」は一〇〇パーセントである。

無理をしていると、どこかでそれは現れる。

人間は順を追って成長する。パーソナリティは段階を追って発達する。

娘は父親との関係が清算されて、はじめて恋愛ができる。

母と父の仲が割れているなかで娘が母子癒着をしている。両親の不和と母子の癒着はよくあることである。

娘は大人になって恋愛をする。当然、恋愛はうまくいかない。

それはその女性が父親との関係がまだ清算されていないからである。娘には父への抑圧された愛着と憎しみがある。

その欲求放棄を力で強いられても、恋愛はうまくいかない。

順を追って成長するのは娘でも息子でも同じである。

母親からも個人としては認められず、受け入れられず、褒められず、必要な保護を与えられないで成長したのでどうしても警戒心が強くなる。相手から親切にされても違和感、警戒心がある。

自分で自分を守れるようになってから自分を守るのが自然なのに、その能力のないうちに自分で自分を守ろうとしてきた。どう守ってよいかわからないうちに守ろうとして生きてきた。

まだナルシストで自分のことばかり話したいのに、母親の不幸の聞き役になる。そうした子は、表面的にはいい子であるけれど情緒的成熟はない。

両親から人間としてのほんとうの自分を確認してもらっていない。

子どもは「ただいま」と言って帰ってくれば、「おかえりなさい」と言ってもらいたい。自分を受け止めてほしい。受け止められないので自己無価値感を持つ。人は自分の存在を確認されて、はじめて心理的に成長する。確認されないまま、社会的には自立の年齢になり自立を強要される。

すると自分自身の観察者になる（前掲書、一〇七ページ）。

恥ずかしがり屋の親のほうが子どものシャイを発見する。もっとも敏感なのは母親（"Shyness"『シャイネス〈1〉内気な人々』一〇六ページ）。

なぜだろうか？

それは親のほうが子どもに愛を求めているからである。子どもが親である自分に関心を払い、傷ついた心を慰めてほしいのに、慰めてくれないからである。

「外にいる誰でもが、母親でさえも、潜在的に宗教裁判長なのです」（'Everyone out there is

a potential Grand Inquisitor, even mothers.' ibid., p.58 前掲書、九九ページ）

父親との関係でエディプス・コンプレックスを解消できずにいるうえに、母親が宗教裁判長であったら、子どもはまともには生きていけない。

そうなれば恐怖感を持ちながら、周囲の人に気に入られることでしか自己の救済ができなくなる。外ではひたすら賞賛されることを求める。

「私は好かれている」と感じるために自分の願望を抑圧する。その結果生じる怒りを日頃から抑えている。

「私は信じる」という心のあり方

周囲が敵意に満ちていると思う気持ちと、そうではないと感じる気持ちとでは、日々の生活の快適さは天と地ほどの違いがある。

疑われていると思っているときには毎日が緊張している。「周囲の人は自分を疑っていない」と思えればリラックスして生きていける。毎日が楽しい。

たとえば学生なら、同じ学校に行き、同じ天候の下で同じ教授の講義を受けて、同じ食堂で食事をし、同じクラブに入っていても、両者の心の違いは計り知れない。

片方は毎日のんびりと学生生活を楽しんでいるだろうが、他方は毎日が不安な緊張で落ち着かない。いつも焦っている。いつも何かに追われている。

そしていつしか、その心理的に追われる毎日が自分の当たり前の生活だと思うようになる。

人間の幸せは外側の条件ではない。その人の心の感じ方である。

疑い深い親に育てられたら、豪華なマンションに住み、車はフェラーリで、背広はアルマーニで、有名料亭で食事をしていても不幸である。

そんなことをしていても、いつまでもこんなことをしていられないという不安な心理に悩まされている。いつも焦って、次に予定されていることを早くしなければならないと感じている。

何をしていても、自分のしていることが基本的に悪いことだという感じ方からは免れない。疑われているということはそういうことである。

だから自分のしていることは悪いことではないと、つねに証明しなければならない。それが彼らがよくする「必要のない言い訳」である。

それは愛されて育った人には信じられないような感じ方なのである。

憔悴《しょうすい》感と罪責感とに悩まされて生きている人と、みんなが自分の幸せを喜んでいてくれると感じて生きている人とでは、同じ人間とは思えないほど違う動物なのである。

恥ずかしがり屋の人は、小さいころにいつも批判されることで、他人を信じる能力を失っている。信じる能力が破壊されている。

周囲には疑い深い人が多かった。実際に信じられる人がいなかった。

さらに、だれも守ってくれなかった。

そこで大人になって周囲の人が自分のためを思って何かを注意してくれても、その善意を信じられない。責められたと思って、おもしろくない。

その人が自分のためを思って注意してくれているとは思えないからである。思えてもそう感じられない。いつも責められていたら、意見は叱責である。

その善意で注意してくれた人を信じることができない。悪意で自分を非難したとしか感じられない。

恥ずかしがり屋の人は、周囲の人の善意を信じることができない。事実、小さいころはその人の周囲には善意の人はいなかった。

すると大人になってから、好意ある注意に接してもおもしろくない。「なんで非難されなければならないんだ」と不満になる。また、その怒りを表現できなくて内に閉じこもる。大人になって環境が変わって、善意の人に囲まれていても不満で閉じこもるしかなくなる。

周囲の人にはなぜその人が不満になるのかが理解できない。

周囲の人がその人のことを思って「こうしたほうがいい」と話しても、「こうしていない」自分を非難しているとしか感じられない。

「そんなにいつも怒ってばかりいると、みんなが嫌がりますよ」と言っても、暗い顔をしている自分を非難したと受けとる。

だれでも人の忠告を素直に聞くことは難しい。

それはだれでも人から認めてもらいたいからである。

認めてもらいたいのに、逆に注意されれば不満になる。しかし相手が自分のことを思って言ってくれていると感じるか、自分を非難していると感じるかによって、その素直さは違ってくる。

もし相手の善意を信じられれば、自分の行為に対して素直に反省することもできる。相手を信じていない反省は迎合である。

恥ずかしがり屋の人は信じる心がない。だからほんとうの意味で反省することもない。

恥ずかしがり屋の人は、相手のやさしい言動も自分を非難する意地の悪い行為と受けとってしまう。

すると、ときたま会う人で、ペラペラとお世辞を言う誠意のない人としかつきあえなくなってくる。

相手を思うやさしい人や、誠実な人と接する毎日が不愉快である。

恥ずかしがり屋の人にとって必要なのは「私は信じる」という決断である。

子どもにとっての家庭の意味

どのような自分であっても自分の価値が認められるところ、それが家庭である。そして自分の独自性が育まれるところ、それが家庭である。

こういう家庭で育つから、人を信じる能力が生まれる。

子どもにとって家庭は、外で傷ついた心を癒す場所でなければならないのに、親が自分の心の葛藤に気をとられている。

シャイに内包されているものは、ジンバルドーによると、自分が見落とされてしまう恐れ、無視される恐れ、拒絶される恐れなどである（'The dread of being overlooked, ignored, rejected. This dread is a hallmark of the extremely shy.' "Shyness"『シャイネス〈1〉内気な人々』七八ページ）。

こうした恐れが恥ずかしさの特質であるとジンバルドーは述べている。

これをボールビーの言葉で説明すれば、「愛着人物の有効性が信じられない」ということである。

つまり自分はいつでも愛着人物に近づけるし、いつでも応答してもらえるということが信じられない。

「無視されること」や「拒絶されること」が恐ろしいのは、心理的にひとりで生きていけないからである。

保護されたい、認められたいというような幼児的願望があれば、こうしたことが恐ろしいのは当たり前である。

保護されたいのに拒否される。認められたいのに無視される。拒否され無視されたら、傷つくから拒否や無視は恐ろしい。

そうしたら相手にしがみつく。これがボールビーの言う「不安定性愛着」である。不安から愛着人物にしがみつく。不安な子どもは母親に絡む。まとわりつく。

幼児的願望が解消してひとりで生きていければ、無視されることや低く評価されることはそれほど恐ろしいことではない。

恥ずかしがり屋の人は、大人になってもこの幼児的願望が解消していない。

Ⅲ　自意識過剰

自分自身が興味の対象

自意識過剰の恥ずかしがり屋の人の関心の対象は、自分だけである。

自意識過剰の人は自分というキャンバスに絵を描いている。しかし絵の才能はないと思っている。だから描いた絵を評価されるのは怖い。

でも描きたいことはたくさんある。

自意識過剰な人は、人とのかかわりができていない。相手とふれあっていない。かかわりあいのなかで自分は心地よいし、相手を居心地よくさせる。

自意識過剰とは、運転をしていて、「あの建物《ビル》、私の運転をどう思っているかしら？」と気になって運転をしているようなものである。

自己陶酔も同じこと。相手がいない。こういう人たちはコミュニケーションできていない。

恥ずかしがり屋の人が助手席に座っていれば、運転をしている人は運転にだけ気をとられているということがわからない。だから、ペラペラと自分の自慢話をする。

そして、その自慢話を運転している人がどう思うかを気にしている。


自分と接触している人は、他人と接したときに自意識過剰にならない。

恥ずかしがり屋の人は、自分が赤面しやしないか、うまく話せないのではないか、あがらないか、自分の体調がどうなるか、相手が自分をどう見ているかなど、自分のことばかり気にしている。

自意識が自分の否定的な面に焦点を合わせる。

人と話していても、声がうわずっている、背が低い、オンチ、力がない、すぐに疲れる、記憶力が悪い、などなど。

恥ずかしがり屋の教授が講義をしているときには学生に関心がない。学生が自分の講義をどう評価するかしか関心がない。

また、自分のイライラなどマイナスの感情を隠すためにエネルギーを使う。

したがって、まえがきにも書いたように、恥ずかしがり屋の人は、ひとりで布団のなかでしゃべっているようなものである。

しかし不満であることには変わりがない。

だから、たとえばうつ病になる。

親に甘えることができなかったのだろう。

逆に親から甘えられてしまった。

そこでいつでも言いたいことを我慢する。したいことをするのを我慢する。

歌いたいのに歌わなかった。踊りたいのに踊らなかった。

「好きです」と言いたいのに言えなかった。

「キライ」と言いたいのに言えなかった。

「イヤだ」と言いたいのに言えなかった。

怒りたいのに怒れなかった。

「それが欲しい」と言いたいのに言えなかった。

愛情を抑えていることもあるし、嫌悪感を抑えているときもある。

その不満が抑圧されていることもあるし、意識されていることもある。

それらの抑えている感情がいつ表面化するかはわからない。

そうすれば、抑えている感情を人にいつ気づかれやしないかと自意識過剰になるだろう。

では、なぜすべてを我慢するのか？

それは「殺されるかもしれないという恐怖感」があるからである。

このような環境が自己主張できないなどの恥ずかしさの症状を生みだす。

この「殺されるかもしれないという恐怖感」についてはすでに説明しているように、軽い気持ちから深刻な気持ちまで広い範囲を含んでいる。

エディプス・コンプレックスやプロメテウス・コンプレックスが解消されないで「殺されるかもしれないという恐怖感」を持っているとすれば、どうなるだろうか。

自意識過剰にならざるをえないだろう。

殺されないためには、相手に気に入られなければならない。だから相手が自分をどう思っているかが気になる。

殺されないためには、相手の顔色をうかがわなければならない。

殺されないためには、相手の神経を逆撫でするようなことを言ってはならない。

この恐怖感を持っているかぎり、相手が自分をどう思うかという自意識過剰にならざるをえないだろう。

心の底に渦巻く不満

そしてその挫折した欲望や、感情の衝突で心のなかは混乱している。つまり、いつも心に葛藤があり不満である。

その結果はどうなるか。

ちょっとしたことでその抑えられた不満が刺激される。

靴のひもが思ったように結べない、期待したとおりに食卓に食事が出てこない、望んだように人と連絡がとれない、お店に入って探しているものが見つからない――なんでもいい、とにかく些細なことで彼らは急に怒りだす。

あるいはものすごく不機嫌になる。

朝、出がけに靴が汚れていたということで、「人生がそれでおしまいだ」と騒ぎだす夫がいる。

朝、出がけにワイシャツのボタンがとれていたということで、パニックになる夫がいる。

理屈はこうだ。それで会社に遅れる。あるいはこんな服装でみっともない。だから会社をクビになる。食べていけなくなる。

そこで妻にあたり散らす。「おまえが悪いからこうなった」と妻を責める。

私はラジオのテレフォン人生相談のパーソナリティをしているが、ときおり、信じられないような出来事がそれぞれの家庭で起きていることがわかる。

これはなぜだろうか。

問題は朝、出がけにワイシャツのボタンがとれていたということではない。

心のなかにある「表現されることなく挫折した欲望、感情」が問題なのである。それが事の本質である。

急に不機嫌になったり、急に場違いに怒りだしたりする人は、とにかく日頃から不満で不満で仕方がない。

平穏無事なときにも、ものすごい不満が心の底に渦巻いている。表現されないで挫折した欲望が心の底に渦巻いている。

彼はもともと「不満の塊」なのである。満たされない愛情欲求で、「憎しみの鬼」になっている。

しかし日常的にはある程度、ほかの出来事に気を奪われているし、爆発のきっかけがない。

そうした些細なことでその心のなかの不満が刺激される。するとそのおもしろくないという感情が一気に噴きだしてくる。

ちょっとしたことでパニックになる。食事のときにちょっと気に入らないことがあると、食卓をひっくり返して暴れる父親の話はよく聞く。

あるいはちょっとしたひと言で急に怒りだし、殴る蹴るの暴力を働く夫の話もよく聞く。ところが外では、借りてきた猫のようにおとなしい恥ずかしがり屋である。

これらの恥ずかしがり屋の夫は、心の底に表現されることのない挫折した欲望が渦巻いている。

些細な出来事の起こる前から、もともとその人は怒っていたのである。不機嫌だったのである。

しかし、それを表現することができない。

その表現の口実がワイシャツのボタンがとれていた、靴ひもが結べない、食事がすぐに出てこないということであり、どうでもいい意味のないひと言である。

挫折した欲望は活火山のようなものである。たえず噴きだしている。それを社会的体面などで抑えているだけである。

妻は夫がなぜそんな些細なことでそこまで怒るのかが理解できない。なぜそのひと言でそこまで怒るのかが理解できない。

その人は、小さいころから基本的欲求が満たされてこなかった。

子ども時代には子どものときの欲求がある。それをまったく満たされないで、歳をとってきた。

相手の何気ない善意のひと言に怒りを爆発させる人は、幼児的願望が何も満たされていない。

自分が気短でいつもイライラして、ある特定の人に対して爆発すると思った人は、自分の心の底にある挫折した欲望を見直すことである。

「そういえば、子ども時代から……あのときも、そうだ、あのときも……」我慢したと思い返してみることである。

「あのときに自分の欲求を満たしていれば、こんなにすぐにカーッとならないにちがいない」と思えないだろうか。

「あのとき、おかしいと思った。でも喧嘩ができなかった。言い返せなかった」。そして自己主張できない人間になってしまった。

その悔しさが無意識に記憶されている。

あなたは一つひとつの悔しさを意識していたら、生きてこられなかった。

そこで自分を守るためにものごとに無関心になった。傷つくことから自分を守るためには、情緒的に離脱するしかなかった。

もう何も感じないようにして生きてきた。それはあなたの自己防衛である。

それが自己執着であり、他人への無関心である。

しかしあなたがどんなに意識で悔しさを感じないようにしても、無意識には感じている。

挫折した攻撃性は、無惨な姿になって心の底に存在している。

自己防衛しても、それはあくまでも意識の面である。無意識の領域は違う。あなたの無意識にはそのように挫折した欲望が無惨な姿になって渦巻いているのである。

その挫折した欲望が表現しやすい相手に向かって出てくる。恥ずかしがり屋の人の弱い者いじめである。

それが怒りの爆発である。

無意識に蓄積される憎しみ

小さいころ、あなたは欲求を無視されて、悔しくて相手を殺したいと思った。しかしそれは力によって抑え込まれた。そして意識から消えた。

たとえばあなたは小さいころ、何かのことで必死に頑張った。そして認めてもらえると思ったら、逆に小馬鹿にされた。みんなに笑われた。そこで悔しかった。相手を憎んだ。

しかし、どうすることもできなかった。

その「殺したい」ほどの憎しみは、あなたの無意識の領域に残っている。あなたの意識は記憶していなくても、あなたの無意識は記憶している。

それが大人になって、あるときに、相手が自分の期待に反した行動をした。あなたの神経を逆撫でするようなことを言った。

そのときにあなたの無意識の領域にある挫折した欲求、つまり殺したいほどの悔しさが刺激されて、いま目の前にいる相手に向かって「殺してやる」となって現れた。

多くの場合、その相手はあなたが甘えている人である。あなたが憎しみの感情を表現しやすい人である。

怖ければ憎しみの感情は昔のまま無意識に貯蔵されている。

あなたの無意識の領域にある挫折した欲望を知らない人は、その怒りがその場に不釣りあいだと思う。

「なぜこんな些細なことで、そこまで怒るのだ」と不思議に思う。

あなたがほんとうに「許せない」のは、昔、あなたの努力をからかった人なのである。昔、あなたをバカにしながら自分の心を癒していた人である。

しかしそれは意識から消えて、無意識に貯蔵された。そしていま目の前にいる人に向かって「許せない」という怒りとなって表現されてきた。

多くの場合、昔あなたをからかった人をあなたは恐れているけれど、いま目の前にいる人を恐れていないし、むしろ甘えている。

そしてどこにもこの挫折した欲望を表現できない人は、最後にうつ病になるのではないだろうか。

こう考えると、ジンバルドーが恥ずかしがり屋の人がうつ病になりやすいと言うのもよく理解できる。

うつ病的傾向の強い人が、何をしても楽しめないのも同じことである。挫折した欲望が無意識の領域にあるかぎり、何をしてもほんとうに楽しいということはない。

無意識の領域に貯蔵されている怒りや無念の気持ちは、いろいろなときに表現されてくる。

恥ずかしがり屋の人はやりたいことができなかった。あまりにも悔しいことが多かった。自分の本性を裏切りつづけた。

ものごとが予想どおりにいかなかったとき、パニックになる人がいる。心理的に不安定な人である。

ものごとはいつも予想どおりいくものではない。思いもかけない出来事が生じて、予想していた仕事ができなくなることがある。

そしてその被害は大きい。そんなとき、心理的にパニックになる。

しかしこういう心理的に不安定な人は、もともと心のなかが挫折した欲望でパニックになっているのである。表面上は平静を装っている。

意識の上では本人も自分は心理的に安定していると思っている。ものごとが予想どおりいっているときにはさして問題は起きない。

しかし、じつはその人は無意識の領域ではいつも混乱している。その混乱がトラブルに際して表に現れてくる。そのときには自分でも自分をコントロールできなくなる。

頭では「焦ってもしょうがない」とわかっている。「こんなことは人生にはよくある」とわかっている。

でも、焦る気持ちをどうすることもできない。

強迫的名声追求者などが、何かトラブルがあって仕事がはかどらないと心理的にパニックになる。

「どうしてもしなければならないこと」ができなくなるからである。

この「どうしてもしなければならないこと」という感じ方が強迫的ということである。

強迫的ということは、それをしなければ気がすまないということである。つまりそれをしなければ、無意識の領域の混乱が収まらないということである。

要するに人は挫折した欲望をうまく処理できなければ、心理的に不安定にならざるをえない。

すぐにカーッとなって怒ったり、とたんに落ち込んだりする不安定な性格の人は、挫折した欲望を心の底に抱えて生きているのである。

たとえば幼児的願望を満たそうとして満たせなかった。それが挫折した欲望である。単に満たせなかったのではなく、満たそうとして満たせなかったのである。

挫折した欲望は、つねに屈辱の体験をともなっている。しようとしてできなかった。恨みを晴らそうとして晴らせなかった。

そのうち、あきらめが先に立つようになった。

大企業のエリート・ビジネスパーソンがうつ病になったり、エリート官僚が自殺したりするのは、なぜだろうか？

それは彼らは社会的には成功者であったけれども、心理的にはすでに挫折していたからである。その心理的な挫折を意識できなかった。

心理的に安定するためには、挫折した欲望をなんらかのかたちで意識化して、それを処理することである。

社会的成功だけでは、どんなに成功しても無意識の領域にある挫折した欲望は処理できない。

恐怖感と正面から向きあう

彼らは小さいころから自分の感情を表現することよりも、相手に気に入られることが第一であった。

自分の感情を表現して、相手を怒らせたら大変である。

エディプス・コンプレックスやプロメテウス・コンプレックスで味わっている「親に殺されるかもしれないという恐怖感」がすべての人間関係の原点である。

エディプス・コンプレックスやプロメテウス・コンプレックスに現れる親がモデルになって、他者をイメージする。

したがってわけもなく他者を恐れる。他人が怖いからほんとうの感情が表面化しては困る。

だから自意識過剰になる。

気軽に人に話しかけられない。気軽に人にものを頼めない。気軽に人とお茶を飲めない。人と一緒にいてはリラックスできない。人と一緒にいてはなぜか不安な緊張をする。

恥ずかしさの特徴として「人と一緒にいて居心地が悪い」と言われる。それはこの恐怖感があるからである。

恐怖感がなければ人と一緒にいて楽しい。

恐怖感があるから自分のほうから人に近づけない。自分のほうから積極的に友だちになれない。

したがって、恥ずかしがり屋の人が恥ずかしさを解消するために必要なことは、みずからの恐怖感と正面から向きあうことである。

恐怖感と正面から向きあうということは、どういうことであろうか。

それは単に女性恐怖症の人が女性と向きあうということではない。

なぜ自分は女性と向きあうと怖いのかということを、正面から考えるということである。

いったい自分はほんとうは何を恐れているのかということである。

女性が怖いという人もいるし、もっと一般的に人が怖いという人もいるし、多くの人が集まっている部屋に入るのが怖いという人もいるし、広場の真ん中を歩くのが怖いという人もいるし、風が怖いという人もいるし、馬が怖いという人もいるし、怖いものはいろいろである。

それらは多くの場合、それが怖いのではない。

たとえばニューヨークで活躍している精神科医であり、アメリカの著名な心理学者であるジョージ・ウエインバーグ博士が症例にあげている人のように、ほんとうに怖い者は父親である。その父親への恐怖を馬に置き換えている。

ほんとうに怖いのは、何か。

それを考えていくことはほんとうの自分の姿を知ることになるかもしれないし、母親から拒否されている自分を知ることになるかもしれない。

恐怖感があると、どうしてもその恐怖の対象を避ける。

このような人間は、ずるい人間にとっては扱いやすい人間である。

自分を抑えることで気に入られようとしている人間は、ずるい人間にとって都合がいい。

したがって自分を抑えることで気に入られようとしている人間の周囲には、ずるい人間が集まる。

恥ずかしがり屋の人はそうしたつきあい方が身についてしまっている。

そこで心の底には不満が積もりに積もっていく。

毎日毎日、不満が心の底に堆積していく。

本人が気がつかないうちに、その不満は計り知れないほどの量になっている。

それがその人の性格に影響を及ぼさないわけがない。傍から見ていても何か緊張している。周りの人にコチコチの感じを与える。

リラックスしていないのが周囲の人にもわかる。

上司に気に入られようと思って自分を抑える。自分を抑えて上司にとって都合のいい部下になる。

部下に気に入られようとして自分を抑える。自分を抑えることで部下にとって都合のいい上司になる。

恋人に気に入られようと思って自分を抑える。

どうしたら気に入られるかということに気を遣う。そうした自意識過剰で消耗する。

「すべきこと」という呪縛からの解放

心の病の説明で「イドと超自我との葛藤」という言葉がよく出てくる。

恥ずかしさの説明でもジンバルドーは、「シャイネスは〈イドと超自我との葛藤〉から生じる症状である」と説明する（'Thus, the basic conflict between desire and deprivation rages. In these terms, shyness is a symptom.'"Shyness",p.45『シャイネス〈1〉内気な人々』七六ページ）。

問題はこの葛藤の内容である。さらには超自我の内容である。

私は超自我で大切なことは、それが恐怖感を含んでいるということだと思っている。

うつ病者などはこの「イドと超自我との葛藤」で超自我が勝ってしまう。それは「恐怖感がイドに勝つ」ということである。

「したいこと」より「すべきこと」が勝つ。「すべきこと」が勝つのは恐怖感があるからである。

いつも「すべきこと」をしていると「したいこと」がわからなくなる。

無気力、無関心にならないほうがおかしい。

愛情が基礎になっている規範意識なら、「べき」は暴君にはならない。

しかし恐怖感が基礎にある規範意識は「べき」の暴君になる。

ジンバルドーによると、恥ずかしがり屋の人を十年以上調査した結果、二五パーセントは思春期以後に内気になっている。

しかし思春期までは親を恐れて、表面では陽気に振る舞っていたということがある。

ニューヨークの精神科医ドナルド・カプランは「シャイの起源はナルシシズムと同じように自分自身に夢中になること」（『シャイネス〈1〉内気な人々』七七ページ）と言うが、考えてみれば、殺される危険があるときに、だれだって自分を守ることしか考えない。部屋のなかで殺人者と向きあえば、恐ろしくてほかのことは考えられない。「この殺人者はどんな人だろう」と相手を見るゆとりなどない。

恥ずかしがり屋の人は人と会って、相手が自分をどう見るかが気になって、相手のことを考えないという。

相手が何を着ていたか、相手が何を身につけていたかも覚えていない。

心理的に健康な人にとっては、それは不思議なことであるかもしれない。覚えていないはずがないと考える。

しかし恥ずかしがり屋の人が「殺されるかもしれないという恐怖感」を持っているということを考えれば、それは当たり前である。

そして恥ずかしがり屋の人はこの恐怖感ゆえに、さまざまな感情や行動を抑える。

結果として、心の底に敵意が蓄積されていくということはすでに述べたとおりである。

そしてその敵意が外化されて、他人が自分に敵意があると勘違いする。

そのように他人を勘違いすれば、もともと小さいころから持っている恐怖感が増大する。

こうして恥ずかしがり屋の人は、人と会っても、相手と何を話したか、相手がどのようなカバンを持っていたか、ときには相手の名前さえも忘れてしまう。

こうした恐怖感のなかでは相手に対して関心を持てるわけがない。

会話が途切れることを恐れて、相手の髪型も名前も覚えていなくて当然である。

要するに自意識過剰な人は、情緒的未成熟で自分がない。周囲の世界に対して興味も関心もない。したがって自発性も意欲もない。

自意識過剰にならない人は、心理的に健康で自分のある人である。したがって周囲の世界に対して興味も関心もある。自発性も意欲もある。

しかし何度もくりかえしてきたように、だからといって恥ずかしがり屋で自意識過剰な人は、自分に誇りを失うことはない。

恥ずかしがり屋の人は、いままで心理的に健康な人よりも頑張って生きてきた。先に説明した態度価値を忘れてはならない。

現実はあるがままに受け入れなければならない。大切なのはそのあとである。

「それにもかかわらず、私は価値がある」と自分に誇りを持つことである。

実際、理想の環境に生まれ、理想の環境で育った人で偉大な人というのはいるだろうか。

偉大な人とは、その理想でない環境を乗り越えた人なのである。

恥ずかしがり屋の人は、恥ずかしがり屋にならざるをえない環境に生まれた。
そのことを、「私は神から愛されている」と解釈することである。

あとがき

「恥ずかしさ」とは何か？

ジンバルドーは、それは「心理的ハンディキャップ」という適切な説明をしている。

肉体的ハンディキャップは目に見えるが、心理的ハンディキャップは目に見えない。

社会は心理的ハンディキャップを背負った人には冷たい。つまり恥ずかしがり屋の人の苦しみはなかなか理解されない。

手を怪我したときには、目に見えるから、原因がわかる。

心を汚したときには、目に見えないから、汚したと周囲の人も本人も気がつかない。

恥ずかしがり屋の人はそのハンディキャップゆえに本来の能力を発揮できない。

しかし、恥ずかしがり屋の人は、本文中に説明してきた心理的特徴さえ乗り越えられれば大変な能力を発揮できる。

最大の問題は、恥ずかしがり屋の人が人を好きになれないということである。人を信じられないということである。あまりにも成長するときの人間環境が悪かった。

彼らは人間嫌いの人々の集団のなかで成長してきた。その結果、人が怖い。いつも嫌われて生きてきた。だから大人になってからも嫌われることが怖い。小さいころの彼は自分の周囲の人が嫌いだったし、周囲の人も彼のことを嫌っていた。

もちろんこれは日常的に意識されているわけではない。多くの場合、この心理過程は無意識のなかで進行している。

したがって「なんだか変だ」という感じ方である。

「なんだか楽しくない」

「なんだか気が重い」

「なんだかつまらない」

「なんだか不安だ」

「なんだか不愉快だ」

そして何よりも恥ずかしがり屋の人がさみしくて孤独だということが、この本を読んでわかってもらえたのではないかと思う。

その孤独こそさまざまな苦しみをよりいっそう苦しくしている。生きている以上だれでも苦しいことはある。現実の世の中で生きている以上だれでもストレスはあるし困難はある。

しかし、それらのことをよりいっそう厳しいものにしているのが、恥ずかしがり屋の人の心理的な孤立感である。

だれとも信頼関係を結べず、だれとも心の絆を結べず、だれともほんとうに楽しいときを過ごせず、ここまで生きてきた。

恥ずかしがり屋の人の積極的な評価としては慎重、内省的などをあげる人もいる（Philips G. Zimbardo," Shyness", Addison-Wesley Publishing Company, 1975, p.45 木村駿・小川和彦訳『シャイネス〈1〉内気な人々』勁草書房、一九八二年、三七ページ）。

しかし私は、恥ずかしがり屋の人を積極的に評価するとすれば、それは「嘘をつかないこと」だと思う。

もちろん意志があって嘘をつかないのではない。小さいころから嘘をついたら親から厳しく罰せられた。その恐怖感から嘘をつけない。

なお、この本のなかで幼児に関することでは、幼児研究家として名高い大原敬子先生の長年の研究資料を参考にしたところがある。先生と幼児教育についていろいろと議論するなかで得られたものは大きい。

ところで、この恥ずかしがり屋の人と正反対にペラペラと平気で嘘をつく人がいる。それはヒステリー性格の人である。

ヒステリー性格と恥ずかしがり屋の人を比較すると、恥ずかしがり屋の人の心理がよく理解できる。

恥ずかしがり屋の人は利用されるが、ヒステリー性格の人は人を利用する。

恥ずかしがり屋の人は低い自己評価に苦しむが、ヒステリー性格の人は大きなことを言っては自己陶酔する。

恥ずかしがり屋の人は他人とかかわりあっても、その後どうしてよいかわからないで無口になる。

ヒステリー性格の人は陰口が多いし、人の間に入ってそれぞれに違うことを言って人々を攪乱《かくらん》する。

恥ずかしがり屋の人は人に近づくことが怖いが、ヒステリー性格の人は表面的には親切で、社交的である。

ヒステリー性格の人は思わせぶりな態度で異性の気を引いて異性をもてあそぶが、恥ずかしがり屋の人は異性を誘えないし、異性といると居心地が悪い。

恥ずかしがり屋の人は、話しかけられると当惑してしまうが、ヒステリー性格の人は、自分の利益だけを考えるのだが、受け答えはおもしろくてうまい。

恥ずかしがり屋の人はすぐに人に譲ってしまうが、ヒステリー性格の人は自己中心的でわがままで我を通す。人の言うことは聞かない。絶対に譲らない。

恥ずかしがり屋の人は人に迷惑をかけることを異常に気にするが、ヒステリー性格の人はわがままだから平気で人に迷惑をかける。迷惑をかけながら迷惑をかけているということに気がつかないくらいである。

恥ずかしがり屋の人は困惑しそうな場所を避けるが、ヒステリー性格の人はとにかくでしゃばりで、どこにでも出ていきたがるし、なんでも威張りたい。自分が中心でないと気がすまない。その自分の立場を脅かす者には猛烈な憎しみを持つ。

恥ずかしがり屋の人は相手を見ない。ヒステリー性格の人は相手を見る。相手を利用するから相手が何を欲しがっているかを見抜く。

恥ずかしがり屋の人は周囲の人が自分に批判的だと思って怯えている。それに対してヒステリー性格の人は、人を傷つけることに快感を持ち、スキャンダルをつくりあげて、人を失脚させようとする。

自罰型と他罰型であり、抑制型の人と非抑制型の人であり、搾取されるタイプと搾取するタイプであり、自己否定他者肯定型と自己肯定他者否定型であり、何かあると自殺するタイプと、何かあると人を殺すタイプである。

恥ずかしがり屋の人は、大胆な人と間違えられることはないが、ヒステリー性格の人は冷酷なエゴイストなのに、演技がうまいから、いい人と間違えられる。

ヒステリー性格の人は市民社会のテロリストであり、恥ずかしがり屋の人はテロに怯える一般市民のようなものである。

恥ずかしがり屋の人はヒステリー性格の人とかかわれば間違いなく餌食になる。骨までしゃぶられる。

同じ兄弟姉妹でも、恥ずかしがり屋の人とヒステリー性格の人とがいる。同じ会社のなかでも恥ずかしがり屋の人とヒステリー性格の人とがいる。小さな地域にも隣人どうしで恥ずかしがり屋の人とヒステリー性格の人とがいる。

だから同じひとつの小さな家族のなかで、うつ病になる人と好き勝手な生活をしている人がいるのである。

同じ会社でも一方に燃え尽きる人やうつ病になる人がいるのに、他方にのうのうと利益をむさぼっている人がいる。

この本を読んで「私は恥ずかしがり屋の人間である」と思ったら、生きていくうえでもっとも注意することはヒステリー性格の人と深くかかわらないことである。

いずれこの二つのタイプをそれぞれに一冊にまとめて書きたいと思っていたが、今回、幸いにもPHP新書の林知輝君のご苦労で「恥ずかしがり屋の人」のほうを一冊にまとめることができた。紙面を借りて謝意を表したい。

二〇〇五年十二月

加藤諦三

PHP新書

PHP INTERFACE
https://www.php.co.jp/

加藤諦三［かとう・たいぞう］

1938年東京生まれ。東京大学教養学部教養学科卒業、同大学院社会学研究科修士課程修了。73年以来、たびたびハーヴァード大学准研究員を務め、現在、早稲田大学名誉教授。またハーヴァード大学ライシャワー研究所准研究員、日本精神衛生学会顧問、ラジオ「テレフォン人生相談」(ニッポン放送系)パーソナリティーとしても活躍する。
おもな著書に『アメリカインディアンの教え』(扶桑社文庫)、『自信と劣等感の心理学』(大和書房)、『心の休ませ方』『不安のしずめ方』『やさしい人』『「本当の自分」はどこにいる』(以上、PHP研究所)、『「思いやり」の心理』『「やさしさ」と「冷たさ」の心理』『「あなたを傷つける人」の心理』(以上、PHP文庫)、『自信』(知的生きかた文庫)、訳書に『成功の心理学』(ダイヤモンド社)など多数ある。

PHP新書 381

言いたいことが言えない人

「恥ずかしがり屋」の深層心理

二〇〇六年一月三十日　第一版第一刷
二〇二三年三月三十日　第一版第十八刷

著者――加藤諦三
発行者――永田貴之
発行所――株式会社PHP研究所
東京本部――〒135-8137　江東区豊洲5-6-52
ビジネス・教養出版部　☎03-3520-9615(編集)
普及部　☎03-3520-9630(販売)
京都本部――〒601-8411　京都市南区西九条北ノ内町11
組版
制作協力――株式会社PHPエディターズ・グループ
装幀者――芦澤泰偉＋野津明子
印刷所
製本所――大日本印刷株式会社

ISBN978-4-569-63613-9

ＰＨＰ新書刊行にあたって

「繁栄を通じて平和と幸福を」（PEACE and HAPPINESS through PROSPERITY）の願いのもと、ＰＨＰ研究所が創設されて今年で五十周年を迎えます。その歩みは、日本人が先の戦争を乗り越え、並々ならぬ努力を続けて、今日の繁栄を築き上げてきた軌跡に重なります。

しかし、平和で豊かな生活を手にした現在、多くの日本人は、自分が何のために生きているのか、どのように生きていきたいのかを、見失いつつあるように思われます。そして、その間にも、日本国内や世界のみならず地球規模での大きな変化が日々生起し、解決すべき問題となって私たちのもとに押し寄せてきます。

このような時代に人生の確かな価値を見出し、生きる喜びに満ちあふれた社会を実現するために、いま何が求められているのでしょうか。それは、先達が培ってきた知恵を紡ぎ直すこと、その上で自分たち一人一人がおかれた現実と進むべき未来について丹念に考えていくこと以外にはありません。

その営みは、単なる知識に終わらない深い思索へ、そしてよく生きるための哲学への旅でもあります。弊所が創設五十周年を迎えましたのを機に、ＰＨＰ新書を創刊し、この新たな旅を読者と共に歩んでいきたいと思っています。多くの読者の共感と支援を心よりお願いいたします。

一九九六年十月

ＰＨＰ研究所

PHP新書

340 使える!『徒然草』 齋藤 孝
347 なぜ〈ことば〉はウソをつくのか? 新野哲也
348 「いい人」が損をしない人生術 斎藤茂太
361 世界一周! 大陸横断鉄道の旅 櫻井 寛
370 ああ、自己嫌悪 勢古浩爾
377 上品な人、下品な人 山﨑武也

[医療・健康]

190 自分を守る患者学 渥美和彦
215 あなたの知らない糖尿病の話 真山 享
226 あきらめないガン治療 帯津良一
239 花粉症を治す 三好 彰
278 心臓は語る 南淵明宏
336 心の病は食事で治す 生田 哲

[知的技術]

003 知性の磨きかた 林 望
017 かけひきの科学 唐津 一
025 ツキの法則 谷岡一郎
074 入門・論文の書き方 鷲田小彌太
075 説得の法則 唐津 一
112 大人のための勉強法 和田秀樹
130 日本語の磨きかた 林 望
145 大人のための勉強法 パワーアップ編 和田秀樹
158 常識力で書く小論文 鷲田小彌太
180 伝わる・揺さぶる! 文章を書く 山田ズーニー
199 ビジネス難問の解き方 唐津 一
203 上達の法則 岡本浩一
212 人を動かす! 話す技術 杉田 敏
233 大人のための議論作法 鷲田小彌太
250 ストレス知らずの対話術 齋藤 孝
288 スランプ克服の法則 岡本浩一
305 頭がいい人、悪い人の話し方 樋口裕一
311 〈疑う力〉の習慣術 和田秀樹
315 問題解決の交渉学 野沢聡子
333 だから女性に嫌われる 梅森浩一
341 考える技法 小阪修平
344 理解する技術 藤沢晃治
351 頭がいい人、悪い人の〈言い訳〉術 樋口裕一

[自然・生命]

013 赤ちゃん誕生の科学 正高信男
124 地震予報に挑む 串田嘉男
125 縄文農耕の世界 佐藤洋一郎